PFALZ

Kulinarische Streifzüge

Mit einem Vorwort
von
Bundeskanzler
Helmut Kohl

Liebe Leserinnen und Leser,

so wie die Pfälzer sind, so ist auch ihre Küche: Die Pfälzer sind selbstbewußt, geradeheraus, manchmal derb, aber immer von einnehmender Herzlichkeit und Gastfreundschaft. Für sie ist und bleibt gutes Essen dabei untrennbar mit dem Pfälzer Wein verbunden. Meine Eltern haben sich im Jahre 1910 bei der Weinlese in Burrweiler im Herzen der Pfalz kennengelernt. Damit ist mir die Vorliebe für Pfälzer Lebensart gleichsam in die Wiege gelegt worden.

Der Wein aus der Region zwischen Rhein, Mosel und Saar verleiht nicht nur den Pfälzer Mahlzeiten, sondern auch mancher fröhlichen Runde eine besondere Würze. Doch Wein bedeutet nicht nur Genuß, sondern zunächst einmal harte Arbeit in den Weinbergen, Sorge um die Reben, ein Gefühl für die Natur und manchen herben Rückschlag durch Wind und Wetter. Dies hat die zupackende, gelassene und erdverbundene Art der Pfälzer mitgeprägt.

In ihrer Küche finden sich die gutbürgerliche Art und die Tradition der eigenen Heimat wieder. Bei der Einkehr in einen Landgasthof kann man nicht nur den berühmten Saumagen, sondern beispielsweise auch typische Köstlichkeiten wie den „Kerscheplotzer“ genießen. Wer den Auflauf aus Sauerkirschen und Brötchen noch nicht kennt, kann ihn in diesem Buch finden und selbst zubereiten.

Vielleicht ergeht es den Leserinnen und Lesern nach ihrem „kulinarischen Streifzug“ wie Lieselotte von der Pfalz. Als Schwägerin des Sonnenkönigs am Hof von Versailles sehnte sie sich bis in das hohe Alter nach der Landschaft und der Küche ihrer Heimat.

Der Philosoph und Feinschmecker Jean-Jacques Rousseau nannte den Geschmack „die Kunst, sich auf die Kleinigkeiten zu verstehen“. Den besonderen Reiz der Pfälzer Küche macht aus, daß sie bei aller Bodenständigkeit dennoch alles andere als einfach ist. Durch welche Liebe zum Detail und welche Raffinesse die Kochkunst der Pfälzer sich auszeichnet, zeigt dieses Buch auf ansprechende Weise.

Ich wünsche allen Freunden guter Lebensart, daß sie hier viele schöne Anregungen finden werden.

PFALZ

Kulinarische Streifzüge

Bert Schreiber

PFALZ

Kulinarische Streifzüge

Mit 72 Rezepten,
exklusiv fotografiert
für dieses Buch
von
Hans Joachim Döbbelin

SIGLOCH
EDITION

Rheinland-Pfalz
Hunsrück
Saarland
Pfälzer Bergland
Pfalz
Pfälzer Wald
Westricher Hochfläche
Leininger Land
Haardt
Weinstraße
Dahner Felsenland
Wasgau
Bienwald
FRANKREICH
Lothringen
Obst und Gemüse
Tabak
Mosel
Rhein
Nahe
Glan
Alsenz
Pfrimm
Selz
Blies
Saar
Schwarzbach
Lauter
Moder
Murg
Rhein - Marne - Kanal
St.Goar
Bad Schwalbach
WIESBADEN
Lorch
Bacharach
Zell
Kröv
Simmern
Rüdesheim
MAINZ
Bernkastel-Kues
Traben-Trarbach
Bingen
Ingelheim
Nierstein
Oppenhe
Bad Kreuznach
Kirn
Alzey
Meisenheim
Obermoschel
Idar-Oberstein
Kirchheim-bolanden
Birkenfeld
Lauterecken
Wachenheim
Donnersberg 686 m
Baumholder
Rockenhausen
Monsheim
Grünstadt
Wolfstein
Winnweiler
Altenglan
Kusel
Eisenberg
Neu-leiningen
Frankenthal
Glan-Münchweiler
Otterberg
Enkenbach-Alsenborn
Freinsheim
Kallstadt
Maxdorf
St.Wendel
Bad Dürkheim
Ungstein
Ramstein
Hochspeyer
Kaiserslautern
Weidenthal
Forst a.d.W.
Deidesheim
Landstuhl
Gimmel-dingen
Ottweiler
Mußbach
Bruch-mühlbach
Trippstadt
Lambrecht
Neustadt a.d.Weinstr.
Haßloch
Neunkirchen
Hambacher Schloß
Dudenh
Homburg
Maikammer
St.Martin
St.Ingbert
Eschkopf 609 m
Edenkoben
Venningen
Rhodt
Zweibrücken
Waldfischbach-Burgalben
SAARBRÜCKEN
Ann-weiler
Landau i.d.Pfalz
Burg Trifels
Hinter-weidenthal
Pirmasens
Ruine Altdahn
Lemberg
Dahn
Bad Bergzabern
Herxheim
Sarreguemines (Saargemünd)
Wieslautern
Kandel
Dörrenbach
Schweigen-Rechtenbach
Rohrbach
Bitche
Wörth
Wissembourg (Weißenburg)
KARLSRU
Niederbronn
Sarre-Union
Ettlin
Rastatt
Haguenau (Hagenau)
Gaggenau
Sarrebourg
Baden-Baden
Saverne
20 km
© 1997, Studio für Landkartentechnik, Norderstedt

Inhalt

Küche, Land und Leute

Rezepte

Der Spaß am gemütlichen Hocken mit herzhaftem Vesper und einem oder mehreren Schoppen Wein vereint zwischen Haardt und Rhein alt und jung, Einheimische und Fremde.

Zur Abbildung auf Seite 2: Freilich pflegen die Winzer alte Traditionen ebenso wie die alten Rebsorten. Man ist aber auch Neuem gegenüber aufgeschlossen. Dazu gehört auch die Rückkehr zum Ausbau im Holzfaß, manchmal auch in kleinen Eichenholzfässern, den „Barriques".

Liebe Leserinnen, liebe Leser,
endlich hatte ich wieder einmal die Gelegenheit, ein Kochbuch zu schreiben, und ich tat es mit besonderer Begeisterung. Geht es doch um die Pfalz, eine Region, an der ich einfach alles liebe: die Landschaft, die Menschen, den Wein und das gute Essen.
Seit über zwanzig Jahren gebe ich unter anderen den Hörerinnen und Hörern des Süddeutschen Rundfunks und des Kurpfalzradios Tips für den Küchenzettel und informiere ausführlich über das saisonale Angebot der Wochenmärkte. Auch die Fernsehserie „Stamm- und Leibgerichte im Südwesten", die ich vor einigen Jahren zusammen mit meinem Freund und „schwäbischen Original" Hans-Dieter Reichert bestritten habe, ist sicher vielen noch in Erinnerung.
Egal welchen Gerichten Sie nun den Vorzug geben: den einfachen, deftigen Genüssen, die man in der Pfalz seit jeher schätzt, oder den neuen, leichteren Gaumenschmeichlern aus den guten einheimischen Produkten. Probieren Sie einfach einmal meine Vorschläge aus der Pfälzer Küche. Ich wünsche Ihnen gutes Gelingen, vor allem aber: „en Guude"!

Ihr Bert Schreiber

Weck, Worscht un Woi

Untrennbar miteinander verbunden: Weck – das sind die ursprünglichen, knusprigen Wasserbrötchen – Worscht un Woi. Dieses „Dreigestirn“ ist gewissermaßen der Urgenuß unter den Pfälzer Genüssen. Mindestens ebenso alt ist der Spruch: „Wenn der Pälzer net trinkt, dann ißt er“. Man kann unschwer ermessen, worin dies mündet: Meistens tut er beides gleichzeitig! Pfälzer sind also Genießer. „Sie halten viel auf Essen und Trinken, aber es muß fein und mannigfaltig sein“, so sagte es der Münchner Wilhelm Heinrich Riehl in der ersten Hälfte des 19. Jahrhunderts. Und weder das eine noch das andere tut er gern allein. Die Pfälzer finden auch nichts dabei, sich aus den Töpfen der Nachbarn, vor allem der Elsässer, etwas herauszupicken, um dies auf eigene Art zu verändern, sprich „weiterzuverfeinern“. So ist die Pfälzer Küche ein bißchen französisch. Anno 1815 kam die stets heißumkämpfte Pfalz zu Bayern und somit auch manche bajuwarische Spezialität auf die einheimischen Speisezettel. Und eine Prise Süden ist immer dabei. Das ist natürlich hauptsächlich dem milden Klima und den jährlich 1800 Stunden Sonne zuzuschreiben. Hier wachsen Gemüse und Früchte in Hülle und Fülle. Und was für welche! Nicht nur Äpfel, Birnen und Zwetschgen, auch Pfirsiche, Feigen, Mandeln und Kastanien und manches andere, was man viel weiter in Richtung Mittelmeer vermutet, gedeiht hier prächtig. Und man ist aufgeschlossen und gesellig. Irgendwie muß das auch mit dem Wein zu tun haben. Auch Fremden gegenüber hat man keinerlei Vorbehalte, wiewohl man mit ihnen im Lauf der Geschichte nicht nur gute Erfahrungen gemacht hat. War die schöne Pfalz doch oft Kriegsschauplatz und Opfer blinder Zerstörungswut. Dabei war das 17. Jahrhundert besonders verheerend. Der Dreißigjährige Krieg und die darauf folgenden Auseinandersetzungen mit dem benachbarten Frankreich brachten Not und Elend über die Bevölkerung und sind hauptsächlich für den heutigen reichen Bestand an malerischen Burgruinen verantwortlich. Der Lebenslust der Pfälzer konnte dies aber höchstens vorübergehend Abbruch tun. Und an Selbstbewußtsein mangelt es ihnen auch nicht. „Wer die Palz nit kennt, is selwer schuld!“

Man erklärt den Namen der Pfalz immer wieder gern mit einer Anekdote. Danach soll der Teufel den lieben Gott, um ihn in Versuchung zu führen, auf den Donnersberg geführt, auf die reiche, blühende Landschaft zu seinen Füßen gezeigt und ihm ins Ohr geflüstert haben: „Dies alles sei dein, wenn du vor mir niederkniest.“ Der Herrgott, so heißt es, habe lange seinen Blick über das wunderschöne Land schweifen lassen, dann tief geseufzt und geantwortet: „B'halts!“

Stadt, Wald, Wein

Alles dreht sich in Mannheim um den Wasserturm, das Wahrzeichen der Quadratestadt.

Fällt das Stichwort Pfalz, läuft dem einen sofort das Wasser im Mund zusammen, einem zweiten erscheint möglicherweise das Hambacher Schloß oder der mächtige Dom zu Speyer vor dem geistigen Auge, und ein dritter kann es nicht lassen, gleich in schönsten Erinnerungen an den Pfälzerwald zu schwelgen. Die Pfalz ist halt ein besonders gesegnetes Fleckchen Erde, dazu reich an reizvollen Kontrasten und hat somit fast jedem etwas zu bieten.

„Mannem – de Nawwel vun de ganze Welt“ – jedenfalls in den Augen der Mannheimer – ist so etwas wie das Tor zur Pfalz, und hier wollen wir unsere kleine, gemütliche Rundreise beginnen.

Kommt man von der Autobahn, fährt man direkt auf ihr Wahrzeichen zu, den Wasserturm. Verhältnismäßig jung zwar – um die Jahrhundertwende erbaut –, genießt er doch sein Dasein und weiß von der Wichtigkeit seines Standortes als Dreh- und Angelpunkt im geschäftigen Treiben.

Oft als reine Industriestadt verrufen, ist Mannheim in Wirklichkeit eine Stadt mit Geschichte. Dafür steht zum Beispiel das grandiose Barockschloß, zu dem Kurfürst Karl Philipp 1720 den Grundstein legte, nachdem er, der Religionsstreitigkeiten müde, seine Residenz von Heidelberg nach Mannheim verlegt hatte. Heute beherbergt es unter anderem Teile der Universität. Dem 17. Jahrhundert hat die Stadt ihren absonderlichen Stadtkern zu verdanken: Er wurde damals in 107 Quadraten angelegt, der sogenannte „Ring“ umschließt diese geometrisch genau angeordneten Wohnvierecke. Der Orientierung dienen dort nicht etwa Straßennamen, sondern Buchstaben-Zahlen-Kombinationen.

In Mannheim gab es bis vor wenigen Jahren noch vier große selbständige Brauereien, deshalb wird sie auch gern als „Bierstadt“ bezeichnet. Heute sind alle außer der größten der Region, der Eichbaum-Brauerei, geschlossen beziehungsweise verkauft. Die Liebe zum Bier aber haben sich sich die „Mannemer“ erhalten ...

Verlassen wir nun Mannheim und überqueren den Rhein. Mit diesem Schritt befinden wir uns sogleich in der Industriestadt Ludwigshafen und damit in der Pfalz! Bitte fahren Sie durch Ludwigshafen nicht nur durch, machen Sie vielmehr einen Abstecher in das Wilhelm-Hack-Museum und besichtigen Sie die über 50 Meter lange Keramik-

wand, die von Joan Miró gestaltet wurde und mittlerweile weltberühmt ist. In Ludwigshafen ist der größte Arbeitgeber der Region beheimatet: die „Anilin", wie man die BASF liebevoll nennt. Hier sollte nicht unerwähnt bleiben, daß sich auch heute noch ein Teil ihrer Mitarbeiter, einer alten Tradition folgend, als Feierabendwinzer betätigen und dem Weinbau durchaus ein paar einträgliche Seiten abgewinnen. Fahren wir nun in südlicher Richtung weiter, grüßt uns schon von weitem der monumentale Bau des Doms zu Speyer. Salierkaiser Konrad II. legte im Jahr 1030 den Grundstein zu diesem Denkmal imperialer Macht. Ganz genau 950 Jahre später, also im Jahr 1980, wurde er von der UNESCO zum „Weltkulturdenkmal" erklärt. In seinen Mauern ruhen acht deutsche Kaiser und Könige. Aber nicht nur der Dom zieht jahraus, jahrein Millionen von Besuchern an, auch sonst bietet diese Stadt allerhand Sehenswertes. Das historische Museum zum Beispiel, das des öfteren mit spektakulären Ausstellungsprojekten lockt und den staunenden Besuchern im Weinmuseum einen Wein aus römischer Zeit präsentiert. Auch das Altpörtel, das 55 Meter hohe historische Stadttor, eines der ältesten Deutschlands, ist ein eindrucksvolles Bauwerk der alten Reichsstadt. Zu einer Rast in folkloristischem Rahmen lädt das „Pfälzer

In Speyer ist man zunächst einmal fasziniert vom alles überragenden Dom. Aber auch ein Gang durch die Stadt lohnt sich.

Nächste Doppelseite: Der Wasgau, der hinter der grünen Grenze dann übrigens 'Vosges', also Vogesen heißt, bietet neben einer ganzen Reihe malerischer Felsenburgruinen auch viele reizvolle Ausblicke mit sanfteren Konturen.

Verwerfungen des charakteristischen roten Sandsteins haben rund um Dahn einen wahren Felsskulpturengarten geschaffen – ein Paradies für Kletterer und Geschichtenerfinder.

Weindorf“ ein, das mit echten Fachwerkhäusern, großen Fässern und einem echten Dorfplatz den Pfalzbesucher auf die weitere Reise bestens einstimmt ...
In südwestlicher Richtung setzen wir unsere Reise fort nach Landau, der „Hauptstadt“ der südlichen Weinstraße und Heimat der legendären Landauer. Dies sind nicht etwa nur die Bürger dieser Stadt, nein, es sind offene Pferdekutschen, in denen einst Fürsten, Grafen und reiche Kaufleute reisten. Übrigens, auch Sie können sich heute noch in einem solchen Landauer durch die Stadt und eventuell auch durch die Weinberge fahren lassen. Besonders lohnenswert ist der Besuch jeweils am dritten Sonntag im Oktober, da findet hier das Fest des Federweißen statt. Aber Vorsicht, der neue Wein hat es schon ganz schön in sich und kann einem gewaltig zu Kopf steigen.
Lassen wir nun die Reben nochmals kurz hinter uns und wenden uns in Richtung des Wasgau mit seinen zahlreichen Burgen und dem wildromantischen Dahner Felsenland, dessen bizarre Steinmonumente wie der „Teufelstisch“, „Braut und Bräutigam“ oder der „Jungfernsprung“ die Phantasie der Menschen immer

schon beflügelt haben. Dabei passieren wir Bad Bergzabern. Seit einem Besuch des berühmten Sebastian Kneipp im letzten Jahrhundert ist es offizielles Heilbad und wurde 1964 gar zum Staatsbad erhoben. Jetzt sollten wir uns in Richtung Norden halten, um ja Annweiler am Trifels nicht zu verfehlen. Nicht nur, daß wir uns hier in der – nach Speyer – zweitältesten Stadt der Pfalz befinden, die ehemalige Gerberstadt wird außerdem gekrönt von der staufischen Reichsfeste Trifels, die als damaliges Machtzentrum 150 Jahre lang die Insignien der Macht – Krone, Zepter und Reichsapfel – vor feindlichem Zugriff schützte.

Nun läge er vor uns, der Pfälzerwald, Deutschlands größtes zusammenhängendes Waldgebiet und Naturschutzpark, mit seinen einsamen Pfaden, stillen Tälern und schönen Ausblicken. Tagelang könnten wir wandern, fast ohne einem Menschen zu begegnen. Aber wir wollen ja weiter, zum Wein – und davor noch einige wichtige Städte der Pfalz besuchen. Also wenden wir uns wieder in Richtung Westen und kommen bald nach Pirmasens, nahe der französischen Grenze, besser dem Elsaß, mit dem es fast jeder von uns „auf Schritt und Tritt“ zu tun hat. Was das heißt? Nun, wir befinden uns in *der* Schuhstadt Deutschlands, kommen doch gut 30 Prozent der einheimischen Schuhfabrikation von hier, was den Bewohnern den nicht gerade vornehmen Namen „die Schlappe“ einbrachte. Selbstverständlich befindet sich in Pirmasens auch ein Schuhmuseum, das über die Geschichte unseres Schuhwerkes nachhaltige Eindrücke zu vermitteln weiß.

Unser nächstes Ziel ist dann auch schon Kaiserslautern. „Lautre“, wie es die Einheimischen nennen, ist die pfälzische „Sport-Hauptstadt“, untrennbar verbunden mit dem „Betze“, Deutschlands höchstem Fußballberg, wo der 1. FC Kaiserslautern seine Heimat hat. Namen wie Fritz Walter, Ottmar Walter und Horst Eckel lassen heute noch – nach über 40 Jahren – Fußballeraugen strahlen. Sie waren es, mit denen die deutsche Mannschaft 1954 erstmalig Weltmeister wurde und den Namen Kaiserslautern in aller Munde brachten. Aber nicht nur der Fußball hat diese Stadt bekannt gemacht, auch als Universitätsstadt hat sie einen guten Ruf, und die Studenten sorgen für eine lebendige Atmosphäre. Dafür

Das Schloß von Bad Bergzabern stammt aus dem 16. Jahrhundert und prägt mit seinen mächtigen Rundtürmen auch heute noch das Bild des charmanten Städtchens zwischen Wein und Wald.

Kurfürst Johann Casimir, das Urbild des 'Jägers aus Kurpfalz' machte Kaiserslautern 1571 zur Residenzstadt. Über das bunte Markttreiben wachen im Hintergrund die Türme der Stiftskirche.

steht auch das Kulturzentrum Kammgarn, wo Jazzfestivals und Kleinkunst sowie Kabarettabende stattfinden, und das weit über die Region hinaus bekannte Pfalztheater. Und wieder lockt, gewissermaßen direkt vor den Toren der Stadt, der herrliche Pfälzerwald, hier zum Beispiel mit dem Elmsteiner Tal, das man an Wochenenden noch mit einem historischen Dampfzug, dem „Kuckucksbähnel", durchfahren, und mit dem man sogar das Herz der Pfalz, die Mittelhaardt, erreichen kann.
Vielleicht sollte man aber doch noch dem Donnersberg, dem 687 Meter hohen „König der Nordpfalz", einen Besuch abstatten. Auf dem geschichtsträchtigen Lavakegel haben schon die Kelten Schutzwälle errichtet, und man fühlt sich an den ebenso geheimnisvollen Mont Ventoux in der Provence erinnert – übrigens nicht der einzige Ort in der Pfalz, an dem man sich in weit südlicheren Gefilden wähnt.
Einen gewaltigen Sprung müssen wir nun tun, um von der Nordpfalz an den Haardtrand und somit an die Deutsche Weinstraße zu kommen. Aber eigentlich ist dieses sonnenverwöhnte Stück Pfalz ja sowieso eine eigene Reise wert... Wir versetzen uns jetzt einfach an deren südliches Ende, nach Schweigen. Da steht das 1936 errichtete – und vielleicht doch etwas zu mächtig geratene – Deutsche Weintor. Aber sei's drum, nun liegen gut 85 Kilometer Reblandschaft vor uns, herausgeputzte Weinorte, prächtige Güter, Winzerfleiß und Lebensfreude. Wie so oft findet man aber auch hier die schönsten Ziele etwas abseits der ausgetretenen Pfade. Dörrenbach mit seinen gut erhaltenen Fachwerkhäusern, seiner spätgotischen Wehrkirche und dem großartigen Renaissance-Rathaus gehört zum Beispiel dazu. Rhodt dagegen liegt direkt an der großen Weinstraße, darf sich aber trotzdem zu den malerischsten Pfälzer Weinorten zählen. Ganze Straßenzüge mit den typischen steinernen Torbögen und – meist sorgsam verschlossenen – Hoftoren lassen erahnen, wie es in den Nachbardörfern vor dem verheerenden Erbfolgekrieg vor gut 300 Jahren ausgesehen haben muß. Rhodt gehörte damals nicht zur Pfalz und wurde deshalb verschont.
Und über dem Dorf, aber schon in Richtung Edenkoben, finden wir auch schon die im Jahr 1845 „schönste Quadratmeile des

DAA
PFALZ MARKT
Erntefrisch aus der Pfalz

Schmucke, weinumrankte Winzerhäuser, alte Kastanien und Sonne, Sonne, Sonne: Weinstraßenidyll pur findet man in Rhodt unter Rietburg.

Reichs“, den Platz, an dem sich Bayernkönig Ludwig I. nach Plänen von Friedrich von Gärtner seinen italienisch inspirierten Sommersitz errichten ließ. Die Villa Ludwigshöhe ist heute würdiger Ausstellungsort für viele berühmte Werke des pfälzischen Impressionisten Max Slevogt.

Folgen wir nun weiter der Weinstraße kommen wir nach Neustadt, der größten weinbautreibenden Stadt des Landes.

Überragt – fast könnte man sagen: trutzig beschützt – wird sie von der „Wiege der Demokratie“, dem Hambacher Schloß, wo am 27. Mai 1832 geschätzte 30 000 Bürger für die Freiheit und Einheit Deutschlands demonstrierten. Eine ständige Ausstellung zu diesem Thema ruft uns die Geschichte vor Ort immer wieder in Erinnerung. Wer hätte damals gedacht, daß man eine solche Demonstration im Jahre 1990 fast hätte wiederholen können ...

In aller Munde ist der Name Neustadts alljährlich Anfang Oktober, wenn beim Deutschen Weinlesefest die deutsche Weinkönigin gewählt wird. Aber auch sonst machen es uns verträumte Altstadtwinkel mit gemütlichen Weinstuben fast schwer, diese Stadt wieder zu verlassen.

Leichter fällt es, wenn wir uns die Wonnen der nächsten Ziele, Orte mit den berühmtesten Weinlagen, vergegenwärtigen. Namen wie Mußbach, Gimmeldingen,

Deidesheim, Forst, Wachenheim lassen uns schon im Vorgeschmack mit der Zunge schnalzen ...
Auf jeden dieser Orte trifft der bekannte Satz zu: „Hier ist des Volkes wahrer Himmel“. Gastfreundliche Menschen, gute rustikale Küche, eine Landschaft, die dem Besucher alles bietet, Gemütlichkeit und, ja natürlich: „e guudes Tröppche“! Und dafür haben sie sogar ihr eigenes, nicht zu knapp ausgefallenes Maß: den Pfälzer Schoppen. Das meist schmucklose, gerade Original-Schoppenglas faßt genau einen halben Liter. Darunter fängt man gar nicht erst an. Wohl aber reicht man ihn weiter und teilt ihn, mit der Herzallerliebsten oder dem zufälligen Banknachbarn. Da denkt sich keiner was dabei, in der Pfalz.
Hier wird es auch gewesen sein, daß einem weinseligen Besucher zum ersten Mal das Stoßgebet „Fröhliche Pfalz, Gott erhalt's“! entfahren ist.
Haben wir dann beinahe das letzte oder das erste Stück der Weinstraße erreicht (je nachdem von welcher Seite man sie angesteuert hat), sind wir bald in Bad Dürkheim, einem der Kur- und Staatsbäder der Pfalz. Nicht nur Erholung für Leib und Seele ist dort geboten, auch für den Geldbeutel ist „Besserung“ zu erwarten, sofern die Glücksgöttin Fortuna im Spielcasino ein Einsehen mit Ihnen hat. Das größte Weinfaß der Welt, das, würde man es mit Wein füllen, 1,7 Millionen Liter fassen könnte, ist als Weinrestaurant die Attraktion für die Besucher und vielleicht auch der Ort, an dem Sie den „Abschiedsschluck“ Ihrer Pfalzrundreise genießen werden. Sehenswert ist außerdem der unter Denkmalschutz stehende Gradierbau, also die Saline, die ja noch in Betrieb ist und der Heilung erkrankter Atemwege dient. Auf der Fahrt zurück in unseren Ausgangsort Mannheim genießen wir noch einen Blick in den „Gemüsegarten“ der Pfalz, wo „zwischen Wein und Rhein“ gläserne Gewächshäuser wie Seen in der Sonne glitzern. Lassen wir nun den touristischen Teil der Pfalz hinter uns, wenden wir uns den Genüssen zu ...

Den Wein von der Lage Eselshaut schenkt man in Mußbach heute noch aus, Johanniter gibt es dort nicht mehr.

Nächste Doppelseite: König Ludwig I. von Bayern ließ sich Mitte des vorigen Jahrhunderts seine Sommerresidenz im klassizistischen Stil mitten zwischen Reben und Kastanienhainen errichten. Die Villa Ludwigshöhe beherbergt heute den Nachlaß des Impressionisten Max Slevogt.

Die berühmte Pfälzer Person

Liselotte von der Pfalz (1652–1722), Tochter des Kurfürsten Karl-Ludwig, verbrachte als Schwägerin des Sonnenkönigs rund 50 Jahre am Hof von Versailles. Ihren Kummer über das Leben in der Fremde schrieb sie sich in zahllosen Briefen von der Seele.

Eine Köchin war sie nicht, auch Kochrezepte hat sie keine hinterlassen. Nur als Kind durfte sie einige Male in einer Schloßküche am Herd stehen und unter Aufsicht des Küchenpersonals rühren und brutzeln. Auf jeden Fall hatte sie Freude am Essen. Das wissen wir aus ihren zahllosen Briefen, in denen sie ihrer Tante, der Kürfürstin Sophie von Hannover, über ihr Leben und ihre Zeit berichtet. Und gerade durch ihre Briefe ist sie bis heute populär und interessant geblieben, die Liselotte von der Pfalz, Herzogin von Orléans und Schwägerin König Ludwig XIV. von Frankreich. Sie stammte aus der alten Kurpfalz, und zeitlebens waren die unverfälschten, nahrhaften und deftigen Spezialitäten ihrer Heimat auch ihre Lieblingsgerichte.

Wenn Liselotte von der Pfalz sich in einem Brief einmal ausschließlich Gedanken über das Thema Essen gemacht hätte, würde Ihre Tante Sophie wohl folgendes zu lesen bekommen haben:

„Euer Liebden können sich nicht vorstellen, wie monstreuse dicke meine Taille geworden ist. Ich bin vereckt wie ein Würfel. Wie hab ich mich geändert! Als ich ein Kind in Heidelberg war, erzählte man mir, ich sei bei meiner Geburt recht klein und schwächlich gewesen. Aber dank einer stabilen, ergiebigen Amme gedieh ich dann doch. Ganz im Gegensatz zu meinem Bruder Karl, der sein Leben lang mickerig blieb mit einem Gesicht wie ein unausgebackener Sechserwecken. Der Kurfürst, unser Papa, gab Anordnung, wir Kinder sollten ja recht viele Melonen, Gurken und anderes Gemüse essen. Sonst zeigte er sich sehr sparsam, ja schier geizig, denn er zählte die Reisigbündel und wog eigenhändig den Zucker für die Küche ab. Von der Schule in Heidelberg, wo Karl Unterricht bekam, forderte er, daß man ihm nur das halbe Kostgeld für seinen Sohn berechne. Das Kind habe nämlich nur einen geringen Appetit. Ich dagegen hatte immer einen guten Appetit und konnte auch zwischen den Mahlzeiten etwas vertragen. In meiner Erinnerung ist mein „Kirschenausflug“ noch lebendig. An einem Julitag – es war das schönste Wetter von der Welt – ging ich den Schloßberg hinab in den Garten des Herrn von Landa. Dort stand ein Kirschbaum, über und über voll mit reifen, schwarzen Herzkirschen. Auf diesen Baum

Was heute nur noch an Schlachttagen üblich ist, war viele Jahrhunderte lang alltägliche Küchenpraxis: das Kochen über alles rußschwärzendem offenem Feuer.

zu klettern, war meiner drei Unterröcke wegen nicht leicht, aber ich kam hinauf, machte es mir auf einem dicken Ast bequem und fing an, Kirschen zu essen. Wenn ich die Kerne ausspuckte, sah ich unten im Tal den Neckar fließen, hörte die Glocken von Heiliggeist und die Schwalben durch die Luft zischen. Wie lange ich da saß, weiß ich natürlich nicht mehr, wohl aber, daß es mir auf einmal schlecht wurde. Überfressen, wie ich war, konnte ich nicht mehr gehen. Zum Glück entdeckte mich Frau von Landa und schickte ihre Magd ins Schloß, zu sagen, wie ich mich befand. Zwei Diener kamen mit einer Sänfte, da hob man mich hinein und trug mich den Berg hinauf.

Ihr wißt auch, daß ich für mein Leben gern Krautsalat mit Speck mochte. Frisches Kraut, klein geschnitten und gut gewürzt. Man muß es ziehen lassen und gibt dann kleine ausgebratene Speckwürfel darüber. Ich war 16 Jahre alt und sollte mit meiner Erzieherin, der Jungfer Kolb, in meiner Kammer zu Bett gehen, doch ich wartete noch auf einen guten Augenblick, wo mir mein Jungfern einen Teller mit Specksalat bringen sollten. Endlich legte sich die Kolbin, die Jungfern stellten den Teller auf die Türschwelle, und ich ging damit ans Fenster. Kaum hatte ich drei gute Maulvoll geschluckt, da feuerte die Wache aus der Kanone, die unter meinem Fenster auf der Altane stand, einen Schuß ab. Es war ein Brand in der Stadt angangen, und so weckte man die Bürger. Die Jungfer Kolb sprang vor Angst aus dem Bett, und ich warf ganz schnell den silbernen Teller mit Salat samt der Serviette zum Fenster naus. Konnte mir nicht mal mehr das Maul abwischen. Der Kurfürst, mein Papa, kam herauf, um zu sehen, wo es brannte und fragte mich, warum ich so ein fettes Maul hätte. Ich sagte ihm, es sei Mundpomade, so ich wegen meiner gespaltenen Lefzen geschmiert habe. Papa hielt es für Dreck. Die Raugräfin Luise, Papas zweite Frau, kam auch herauf, schnupperte und rief: „Was riecht's hier nach Specksalat!“ Da erzählte ich alles und war froh, daß Papa darüber lachte. Schade war's halt um meinen Salat.

Als ich 1671 mit Philipp, Herzog von Orléans, verheiratet und Schwägerin König Ludwig XIV. von Frankreich wurde, änderte sich mein ganzes Leben. In allem mußte ich mich umgewöhnen, auch im Essen. Zuerst faßte mich noch die Neugier auf die Suppen, Ragouts, Pasteten und Konfitüren, und ein paarmal hab ich mich an der Hoftafel überfressen. Bald bekam ich aber Sehnsucht nach dem Kurpfälzer Wein, den gesottenen Schweinsfüßen, der Bratwurst, nach den Erdbeeren im Ketscher Wald und den frischen Spargeln.

Wißt Ihr noch, ma chère Tante, als ich von meinem siebten bis elften Lebensjahr bei Euch im Hannoverschen am Hof leben durfte und Ihr mir erlaubtet, in der Hofküche zu kochen? Herzog Georg Wilhelm, mein Onkel und Euer Gemahl, fanden meine Gerichte superb, doch Euer Koch meinte, ich nehme für wenig Essen zu viele Töpfe. In diesen schönen Kinderjahren ging's mir gut. Ich wurde dick und rund, so daß mein Onkel von mir sagte: „Sie wäre gut zu essen, wenn man sie wie ein Spanferkel braten könnte!" Von dieser Zeit habe ich auch die Vorliebe für Braunschweiger Mettwurst, so Ihr mir treu schickt. Doch zu meinem Ärger stehlen unsere französischen Douaniers ab und zu ein Paket und fressen Eure Würste an der Grenze. Bin froh, wenn meine Verwandten aus Deutschland mich besuchen und Sauerkraut und Geräuchertes mitbringen. Auch eine Kaltschale oder eine gute Biersuppe tät' mir nicht weh im Magen. Niemand ist hier verwundert, daß ich diese Speisen gerne esse. Ich habe hier auch den rohen Schinken in Mode gebracht und viel von unserm deutschen Essen, als Sauer- und Süßkraut, Salat mit Speck, braunen Kohl, auch Wildbret, das man hier schier gar nicht ißt, und Pfannkuchen mit Bückling. Ich hab mein deutsch Maul noch so auf die deutschen Speisen verleckert, daß ich keinen einzigen französischen Ragout leiden noch essen kann. Esse nur Rindfleisch, Kalbsbraten, Hammelschlegel, gebratene Hühner, selten Feldhühner und nie Fasanen. Aber jetzt muß ich mich sehr eilen, denn das Essen ist aufgetragen, will nur noch sagen, daß ich auch für dieses Mal die Mettwurst nicht empfangen habe. Um zu beweisen, daß man sie hier gut findet, hat man mir wieder einmal das ganze Kistchen weggefressen.

Lebt wohl Euer Liebden, ich küsse Eure Hände und bleibe
Eure dankbare
Elisabeth Charlotte"

Gute Tropfen animierten schon immer zur Kreation schöner Gefäße. Kunstvoll gefertigte Gläser aus alter Zeit kann man heute im Museum für Weinkultur in Deidesheim, im Historischen Museum der Pfalz in Speyer oder auch in den zahlreichen Heimatmuseen bestaunen.

Vor dem Dorscht und nach dem Dorscht

Natürlich gibt es in der Pfalz nicht nur den Saumagen, sondern auch noch eine ganze Reihe andere deftige Delikatessen vom Schwein. Aber er muß – da typisch und einzigartig – halt immer herhalten und ist vor Ort tatsächlich auch allgegenwärtig.

„Vor dem Dorscht und nach dem Dorscht, immer schmeckt e Pälzer Worscht", dieses Sprichwort ist für die Menschen, die dort leben, fast eine Lebensphilosophie, um nicht zu sagen: Lebenswirklichkeit. Hochgenuß eines Pfälzers ist und bleibt aber die „Schlachtpartie", oder, wie anderswo genannt, das Schlachtfest. Dies ist der Tag, an dem früher das übers Jahr sorgsam gefütterte Schwein geschlachtet wurde. „Fest" deshalb, weil dazu Freunde und Verwandte eingeladen werden, die sich an diesem Tag auch stets vollzählig einfinden. In früheren Jahren wurde meistens im Dezember, also zu Weihnachten, geschlachtet. Der Weihnachtsbraten war damit gesichert, die kalte Jahreszeit schützte das auf Vorrat gelagerte Fleisch – das meistens in Salzlake konserviert wurde – vor dem Verderben, und an Silvester wartete meistens ein besonderer Genuß auf die Familie: der gefüllte Saumagen!

Doch zurück zur heutigen Schlachtpartie. Es ist eine Ehre, alle Jahre wieder zu einer solchen „Tagestour im Freundeskreis" eingeladen zu werden. Und nichts kann einen solchen Tag besser und die Stimmung eines solchen Tages deutlicher schildern als folgendes Gedicht:

„E Pälzer Schlachtpartie mit Gäscht is unser schenscht Familiefescht./For eens bloß is des Fescht als mau: For's Schlachtfescht-Opfer – for die Sau!/Schun vor dem Tag riecht's in de Kich no Zwiwwele un Gewärz-Gemisch./Hackklotz und Messer stehn bereit un mer bringt noch die Muld' beizeit./Dann geht's am negschde Morge los: Die arm Sau quietscht, sterbt rigoros./S' werd Blut geriehrt, mer schabt des Tier, un dann werd's uffg'hängt voll Bläsier!/De Metzger butzt die Därm indesse, em Kleenschte werd's Wärscht'l „agemesse",/nochdem er zuvor des kalte Sauschwänzl hot dirfe halte./E paar Fraue aus de Nochberschaft, die helfe aa mit aller Kraft,/sie schneide Speck for's Schweineschmalz – mer ißt des gern, in unsre Palz./Middags gibt's Quellflääsch un Gequellte. E Gläsl Woi fehlt dabei selte./De Metzger macht dann Lewwerwerscht mit viel Gewärz, daß Dich net schnerrscht,/kocht Blutwerscht un macht Schwartemage un Brotwerscht: do gibt's nix zum klage!/Am Owend awer, wann dann g'schlacht is, un alles fertig un gemacht is,/steit mit de

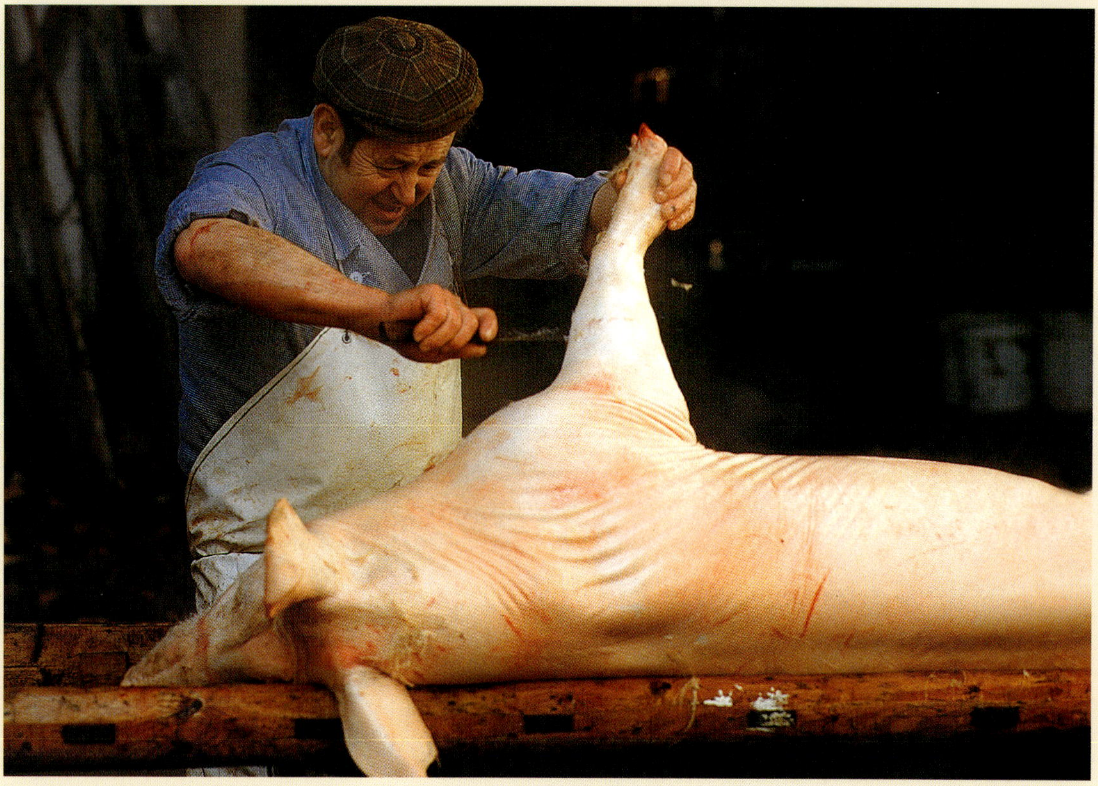

Freunde dann als Gäscht, als Höhepunkt des „Schlachtfescht-Fescht"…/Do gibt's dann Worschtsupp aus em Kiwwel mit Nudel drin – manchmal aach Riwwel;/dann Saupeffer mit Grumbeerknepp, Flääsch, Brotwärscht und Sauerkraut aus Töpp,/Ritschersalat un die frisch Worscht, e guudes Vertel – mer hot doch Dorscht …/Mer schmatzt un lacht, verzehlt un uzt sich, un mancher, wu noch fremd war, duzt sich,/'s wern Witz verzehlt, oft gar nit flau – keens denkt noch an die arm tot Sau!/Mer drinkt noch Kaffe un ißt Kuche, verspricht sich efter zu besuche/un dann grieht jeder vun de Gäscht e Worschtpaket mit – groß un fescht!"

Ist diese Beschreibung aus der Feder des Heimatdichters Karl-August Woll (1873) nicht herrlich? Man sieht richtig alles vor sich: das Wellfleisch, in Würfel geschnitten, angerichtet auf einem Holzbrett mit zwei Häufchen Salz und Pfeffer – in manchen Gegenden der Pfalz gibt es dazu einen Zwiebelsalat –, das Schweinehack, Leber- und Blutwurst, Schwartenmagen, knusprig gebratene Bratwürste, dort mit „Grumbeerschtampes", also Kartoffelpüree, dort mit Kartoffelsalat, Herzpfeffer, eben alles, was ein Schlachtfest so beliebt macht. Und wie lange man ein solches Fest ausdehnen kann, das beweisen Kaffee und Kuchen. Man sagt, Kaffee und Kuchen gäbe es

Ist sie einmal tot, die Sau, wird sie gebrüht und geschabt. Der Schlachttag beginnt in der Herrgottsfrühe, denn bis zum Abend muß das ganze Tier zerlegt und „verwurstet" sein.

Saumagen von Metzgermeister Hambel, Vater und Sohn, aus Wachenheim gilt als der beste weit und breit. Rund 300 Stück werden in der Woche gefüllt und gesotten und dann nicht nur ins Kanzleramt, sondern in alle Welt ausgeliefert.

nur deshalb, weil man früher teilweise sehr spät, oft erst am frühen Morgen, nach Hause ging und dann eben „das Frühstück" gleich noch mit zu sich nahm ...
Nun werden Sie fragen: Ja und wo bleibt der Saumagen? Oder: Was ist eigentlich Saumagen?
Nun, da gibt es nur eine Antwort: Der Saumagen ist gewissermaßen der Gipfel aller Schlachtgenüsse. Man streitet sich oft, wann er erstmalig auf die Pfälzer kulinarische Bühne getreten ist. Es muß um 1700 gewesen sein, also just zu der Zeit, als auch die Kartoffeln ihren Siegeszug als Volksnahrungsmittel angetreten haben. Vielleicht ist auch deshalb die Kartoffel mit ein Hauptbestandteil, nämlich fast ein Drittel, der Saumagenfülle, oder, wie man hier in der Pfalz sagt, „vum Füllsel".
War der Saumagen früher nur Einheimischen und Pfalzurlaubern ein Begriff, sorgte vor einigen Jahren der momentan wohl prominenteste Pfälzer dafür, daß dem Saumagen international höchste Ehre zuteil wurde. Ließ doch Bundeskanzler Helmut Kohl dieses deftig rustikale Gericht vielen Staatsgästen wie beispielsweise dem amerikanischen Präsidenten George Bush, Premierministerin Maggie Thatcher und natürlich seinem Freund, Michail Gorbatschow, servieren. Vielleicht stimmte gerade der Saumagen den damaligen russischen Präsidenten so gut ein, daß er der Wiedervereinigung Deutschlands zustimmte – wer weiß, wer weiß? „Der Saumagen veränderte die Welt ...", das wäre eine Schlagzeile gewesen! Doch Spaß beiseite, spätestens nach diesen Ereignissen war der Pfälzer Saumagen berühmt und, fast möchte man sagen, „in aller Munde"!
Ja, und maßgeblich daran beteiligt war ein Mann, den man voller Respekt den „Saumagenkönig der Pfalz" nennt: Metzgermeister Klaus Hambel aus Wachenheim, mittlerweile in der Leitung der Wurstküche abgelöst von seinem Sohn gleichen Namens. Wöchentlich einmal, nämlich am Freitag, ist hier Saumagentag. Dann werden die Schweinemägen verschiedenster Größe abgebunden und gefüllt. Dann läßt man sie im großen Kessel „simmern", also leise köcheln. Nach ungefähr 3 bis 3½ Stunden ist ein solcher Saumagen dann gar. Gut ausgekühlt werden die Saumagen dann per Schnellpaket nach Berlin, Hamburg, ja sogar auf die Insel Sylt verschickt, wo man

Auch auf Festen huldigt man der urpfälzischen kulinarischen Erfindung wie hier auf dem Purzelmarktumzug in Billigheim.

Pfälzer Abende mit Saumagen auf Sauerkraut sehr zu schätzen weiß. Klaus Hambel und sein Sohn sind aber, trotz aller Berühmtheit, die sie erlangt haben, die bescheidenen Metzger aus der Pfalz geblieben. Sie freuen sich ganz einfach, daß ein so einfaches, bodenständiges Produkt einen solchen Siegeszug angetreten hat, daß es sogar auf Empfängen mancher Botschaften im Ausland serviert wird und dadurch selbst zum Botschafter pfälzischer Küche geworden ist.

Metzgermeister Hambel ist aber auch ein typischer Pfälzer, hat er doch „nebenbei" noch seinen „Wingert", also seinen eigenen Weinberg, und sammelt – das ist sein Hobby – Wurzeln verschiedenster Arten, mit denen er den Innenhof seiner Metzgerei schmückt. Auch dafür ist „der Hambel" berühmt.

Nun gibt es sicherlich die verschiedensten „Geheimrezepte" zur Füllung eines Saumagens. Ich vergleiche dies immer mit der Kartoffelsuppe. Es gibt überall Kartoffelsuppen, im Norden, im Süden, im Osten und im Westen – aber jede hat eine Besonderheit, es gibt kein Originalrezept für die Kartoffelsuppe. Ähnlich ist es mit dem Saumagenrezept. Ich möchte Ihnen das Rezept meines Freundes Hambel zum Nachkochen präsentieren. Es ist sein Originalrezept, und dazu wünscht er Ihnen „en Guude" – also guten Appetit!

Gefüllter Saumagen

Schweinebauch und Schweineschulter werden in gleichgroße Würfel von etwa 1 cm Kantenlänge geschnitten, ebenso die geschälten Kartoffeln. Letztere werden etwa 2 bis 3 Minuten in sprudelndem Salzwasser blanchiert und in Eiswasser abgeschreckt. Dann abtropfen lassen. Während dieser Zeit vermischen Sie das Bratwurstbrät mit den Eiern, den zerpflückten Brötchen sowie den Gewürzen und der Petersilie zu einem Teig, dem Sie die Fleisch- und Kartoffelwürfel untermischen. Damit füllen Sie nun den vom Metzgermeister vorbereiteten Saumagen – nicht zu voll, da er sonst beim Kochen platzen könnte –, binden die Einfüllöffnung gut zu und lassen dann den Saumagen im höchstens 80 °C heißen Wasser in 3 bis 3½ Stunden gar ziehen.
Der Saumagen wird, noch warm, aufgeschnitten und zusammen mit Sauerkraut und Brot oder Kartoffelpüree serviert. Sie können den Saumagen aber auch, mit zerlassener Butter bepinselt, noch kurz im heißen Backofen überbacken. Dadurch erhält er eine schöne knusprige Kruste. Aber das ist Geschmacksache.
Und beinahe hätte ich es vergessen: Dieser Saumagen reicht für 8 bis 10 Personen.
Da aber nicht einmal die Pfälzer nur von Saumagen und der berühmten Worscht leben, wenden wir uns im nächsten Kapitel dem „Gemüsegarten des lieben Gottes“ zu.
Dazu trinken wir natürlich einen Kallstadter Saumagen. Dieser trockene Riesling ist in jeder Hinsicht ein idealer Begleiter.

750 g Schweinebauch ohne Schwarte,
750 g Schweineschulter,
750 g Pfälzer Kartoffel,
Salz, 1 kg grobes Bratwurstbrät, 4–5 Eier,
3 eingeweichte und gut ausgedrückte Brötchen,
grober Pfeffer, Majoran, Muskat, Nelkenpfeffer und auch etwas Koriander,
4 EL Petersilie,
1 Saumagen (beim Metzger bestellen, reinigen und abbinden lassen)

GEMIES UND GRUMBEERE

Der Tabak wird von Juli bis September Blatt um Blatt geerntet, eingenäht und dann getrocknet. Diese Handarbeit wird nach wie vor von Hunderten von Familienbetrieben geleistet.

Nächste Doppelseite: Neustadt ist Deutschlands größte Rebengemeinde, und auf dem Marktplatz wird beim Weinlesefest rund um den Brunnen kräftig gezecht. Den ganzen Rest des Jahres gehört er aber den Marktfrauen, die dort verkaufen, was Gärten und Felder – in der Pfalz und anderswo – hergeben.

Gemüse und Kartoffeln sind die bekanntesten landwirtschaftlichen Produkte der Ostpfalz. Orte wie Maxdorf für Frühgemüse, Mutterstadt und Dudenhofen für Spargel, Fußgönnheim für Rosenkohl – um nur einige zu nennen, ohne andere zurücksetzen zu wollen – sind Garanten für Qualität und Namen, die man überall kennt. Riesige Anbauflächen mit großen Gewächshäusern – fast müßte man sagen Gewächshallen – sorgen dafür, daß die Pfalz auch der „Gemüsegarten Gottes" genannt wird. Das milde, warme Klima trägt dazu natürlich am meisten bei. So beschäftigt man sich heute in der Pfalz sogar mit Gemüsesorten und Früchten, deren Anbau vor drei bis vier Jahrzehnten noch undenkbar gewesen wäre. Ich denke da an Paprikaschoten, ein Gemüse, das sich als pikante Beilage zu gebratenen Fleischgerichten eignet. Man kann daraus einen Salat machen, man kann die Paprikaschoten aber auch mit Fleisch und Reis füllen und sie dann zu einem Hauptgericht aufwerten. Ich denke an Zucchini, an Auberginen und in jüngster Zeit sogar an Melonen. Daß man in der Pfalz anfing, sich dem Anbau dieser Gemüsesorten zu widmen, ist sicherlich auf die Nachfrage der Verbraucher zurückzuführen, die sie im Urlaub im Ausland kennen- und schätzengelernt haben und zuhause nicht mehr darauf verzichten wollen. Voraussetzung für das Gedeihen der verschiedenen wärmebedürftigen Obst- und Gemüsesorten ist natürlich, ihnen optimale Wachstumsbedingungen zu bieten. Das bedeutet – trotz des günstigen Klimas – oft genug den Anbau unter Glas oder Folien. Damit sind die Pflänzchen auch vor Wetterlaunen wie Sturm oder Hagel geschützt, die schon manche Hoffnung auf reichen Erntesegen innerhalb weniger Minuten zunichte machten. Gleichzeitig müssen sie aber ausreichend bewässert werden. Die weitläufigen Felder werden also während der gesamten Wachstumsperiode aus kilometerlangen Leitungen mit Wasser aus den Altrheinarmen beregnet.
Größter Umschlagplatz für die knackigen Pfälzer Erzeugnisse ist der Pfalzmarkt in Mutterstadt, wo an die 3000 Obst- und Gemüsebauern, davon rund 300 Großbetriebe, ihre frisch geerntete Ware an Großhändler und Handelsketten veräußern, die dann wiederum dafür sorgen, daß die Produkte so schnell wie möglich

Spargel findet im sandigen Grund der Rheinebene optimale Wachstumsbedingungen. Das feuchtwarme Klima tut dann noch ein übriges zum Gedeihen des hochgeschätzten Gemüses.

in die Einkaufstaschen der Endverbraucher gelangen.
Auch Tabak erster Güte wächst hier. Man findet ihn in der Rheinebene, vor allem zwischen Speyer und Herxheim. Früher wurde er in Schwetzingen gleich zu edelsten Zigarren verarbeitet. Er ist aber auch heute noch ein Produkt, das für gutes Einkommen der Pfälzer Bauern sorgt – und wiederum ein Beweis für das außerordentlich angenehme Klima, ebenso wie die vielen Feigenbäume. Überhaupt fühlt man sich in der Pfalz öfter als einmal nach Italien versetzt, vielleicht in die Toskana, wenn man zum Beispiel seinen Blick über die Weinberge schweifen läßt. Bayernkönig Ludwig I. hat sich ja mit seiner „Villa Ludwigshöhe“ bei Edenkoben, umgeben von riesigen Edelkastanienhainen, tatsächlich ein „italienisches“ Kleinod geschaffen.
Die Edelkastanien übrigens, die „Keschte“, wie man sie in der Pfalz nennt, sind als Gemüse, glaciert, als Beilage zu Gänsebraten, als Füllung für die Weihnachtsgänse oder auch nur gebraten, als warme, herrlich knusprige Beilage zu neuem Wein, im Herbst vom Pfälzer Küchenzettel nicht mehr wegzudenken.
Zu einem besonders hochwertigen und gefragten Produkt haben sich mehr und mehr die Pfälzer Frühkartoffeln, die „Grumbeere“, entwickelt. Sie zeichnen sich durch äußerst feinen, leicht mehligen Geschmack aus, und eine Kartoffelsuppe mit viel Gemüse, man nennt sie auch „Franzosesupp“, ist im Herbst bei der Ernte eine echte Delikatesse, zu der man dann, noch lauwarm, „Quetschekuche“, also Zwetschgenkuchen, oder „Appelkuche“ ißt. Große Apfelplantagen, neuerdings hauptsächlich mit den Sorten Golden Delicius, Jonagold und Berlepsch beweisen, daß Obst aus der Pfalz heute in der Wertigkeit auf eine Stufe mit dem hochgelobten Bodenseeobst zu stellen ist.
Oft wird ja Obst und Wein in der Pfalz kombiniert. Ich denke da an berühmte Gerichte wie etwa „Appelküchle mit Woisoos“ – Apfelküchlein mit Weinschaumsoße. Hierzu werden Äpfel geschält, das Kerngehäuse ausgestochen, die Äpfel in Scheiben geschnitten, diese dann mit etwas Zitronensaft abgerieben, in Ausbackteig getaucht und schwimmend ausgebacken. So werden diese Apfelküchlein dann, warm, mit einer Wein- oder einer Vanillesoße serviert. Sie werden aber auch, nur in Zimt und Zucker

gewälzt, anstelle des üblichen Zwetschgenkuchens zu oder nach der Kartoffelsuppe serviert.
Und wenn ich Ihnen schon „außer der Reihe“ noch ein paar Rezepttips gebe, dann darf ein ganz einfaches nicht fehlen, das sich in der Pfalz großer Beliebtheit erfreut. Sie alle kennen Kartoffelpfannkuchen. Jede Hausfrau und jeder Hobbykoch haben da eigene Spezial-Hausrezepte – behalten Sie diese ruhig bei. Mischen Sie aber unter Ihren fertigen Teig zusätzlich gewürfelten Käse, zum Beispiel Allgäuer Emmentaler oder, wer es besonders „pfiffig“ und würzig will, einen festeren Weinkäse oder Romadur. Dazu kommen dann noch in Ringe geschnittene Lauchzwiebeln. Dann backen Sie die Kartoffelpfannkuchen in heißem Öl oder in Schweineschmalz knusprig goldbraun aus. Dazu gibt es grünen Salat. Da reicht die Palette in der Pfalz heute auch vom einfachen Kopfsalat bis hin zu Lollo Rosso, Eichblatt-, Burgunder-, Romana-, Endivien- und Friseesalat. Nicht zu vergessen natürlich der Rucola ... Ich komme immer wieder ins Schwärmen, wenn ich diesen „Gottesgarten“ beschreiben soll. Es gibt fast nichts, was hier nicht wachsen kann, und so kommen in der Pfalz nicht nur die Liebhaber fleischlicher Genüsse, sondern auch die Freunde pflanzlicher Kost auf ihre Kosten.

In der Pfalz reifen neben den einheimischen Obstsorten auch Pfirsiche, Eßkastanien, Kiwis und sogar Zitronen und Feigen. Diese Walnüsse werden allerdings absichtlich noch grün geerntet, um daraus 'Schwarze Nüsse', eine traditionelle Pfälzer Beilage zu Wild und Käse zuzubereiten.

Wein – das Gold der Pfalz

Früher erforderte das Weinmachen ganzen Körpereinsatz, wie diese Figur am Weinkastell zum Weißen Roß in Kallstadt zeigt.

Freilich lebt auch in der Pfalz nicht alles vom Wein, der „Saumpfad der Seligkeit“, an dem die edlen Tropfen wachsen und reifen, ist nunmal ganz klar am Haardtrand zu lokalisieren. Mit dem Wein, so sagt man gern, leben sie alle.

Waren es früher Silvaner und Müller-Thurgau, die hauptsächlich angebaut wurden, so hat sich im Lauf der Jahre, speziell in der Mittelhaardt, der Riesling als das Goldstück der Pfalz entwickelt, und es gibt nicht wenige, die den Pfälzer Riesling als den Spitzenriesling aller deutschen Weinbaugebiete überhaupt bezeichnen. Ich weiß, auch ich setze mich mit dieser Aussage vielleicht einem mitleidigen Lächeln aus, kann aber zumindest einen Zeugen für meine Behauptung anführen: Auf der alljährlichen Weinolympiade in Bordeaux belegte 1994 ein Pfälzer Winzer, Heinrich Vollmer aus Ellerstadt, mit einer Riesling Spätlese den vierten Platz und wurde damit der bestplazierte Wein Deutschlands, weit vor den sonst so hochgelobten Rieslingweinen des Rheingaus. Mittlerweile beträgt der Anteil der Rieslingweine in der Pfalz gute 20 Prozent der Gesamtrebfläche. Das erreichen ansonsten nur noch die Müller-Thurgau-Reben. Diese berühmte Kreuzung von Riesling und Silvaner des Schweizer Züchters Müller aus dem Kanton Thurgau – deshalb der Name – eignet sich auch besonders gut für den Anbau in der Pfalz. Eine sehr ertragreiche, robuste Rebsorte, die sich durch ein angenehmes Bukett auszeichnet.

Dies soll aber nicht heißen, daß nicht auch die Pfalz berühmte Züchter hervorgebracht hat. So war es der weithin bekannte und geschätzte Weinbaurat Peter Morio aus Landau, der einer weiteren Rebsorte zu Rang und Namen verholfen hat, indem er Silvaner mit Weißburgunder kreuzte. Das spezielle Bukett, das dabei entstand, der etwas dominierende Muskatgeschmack, gab diesem Wein sogar den bis heute gültigen Namen: Morio-Muskat. Daß dieser Wein auch viele Liebhaber hat, beweist die Tatsache, daß bis heute etwa sechs Prozent der Gesamtanbaufläche diesen Reben „Nahrung geben“. Gleich drei Weine gekreuzt hat ein gewisser Georg Scheu, der in Alzey beheimatet war, indem er Müller-Thurgau, Riesling und Silvaner zu einer eher lieblichen Weinsorte verband, die heute als Scheurebe

ihren festen Platz im Pfälzer Weinsortiment behauptet. Ein Pfälzer Apotheker, Johann Seeger Ruland, fand 1711 in einem verwilderten Garten in Speyer einige Rebstöcke, die er vermehrte und die heute noch seinen Namen tragen: Ruländer oder Grauer Burgunder. Dieser nimmt etwa zwei Prozent der Rebfläche für sich in Anspruch, ebensoviel wie Weißburgunder und Gewürztraminer. Letzterer wurde den Winzern schon von den Kurfürsten zum Anbau empfohlen. Und er hält tapfer die Stellung im rund 400 Jahre alten Traminerweinberg im südpfälzischen Rhodt unter Rietburg. Als weitere wichtige Sorten unter den Weißweinen mit zusammen knapp 20 Prozent Anbauflächenanteil wären der altbewährte Silvaner zu nennen – und der Kerner, die wohl erfolgreichste Neuzüchtung.

Den größten Aufschwung erlebte in den letzten Jahren aber der Rotwein. Das Zauberwort heißt Dornfelder, obwohl – und hier muß man einigen Winzern dankbar sein – man versucht, mit Cabernet-Sauvignon und auch mit St. Laurent wiederum neue Wege zu gehen. Mit rund zehn Prozent führt der Portugieser in der Pfalz die Rotweinsorten an. Star der Pfälzer Rotweine, und das bei einem Anteil von nur etwa zwei Prozent an der Anbaufläche, bleibt aber dennoch der Spätburgunder, der zunehmend auch nach der Barrique-Methode ausgebaut wird.

„Auf beiden Seiten der Weinstraße wogt ein flaschengrünes Rebenmeer, aus dessen Wellentälern spitze Kirchtürme auftauchen wie Schiffsmasten aus schwerer See", so schrieb unlängst ein begeisterter Pfalzreisender. Diese zart-dunstige Rebenimpression entstand in der Nähe von Landau.

Nächste Doppelseite: Beim „Herbsten" braucht man viele fleißige Hände. Große Weinbaubetriebe durchkämmen heute die Rebzeilen aber auch schon mit dem Vollernter.

Prädikatsweine begeistern auch noch nach vielen Jahren durch volle Reife, herrliche Frucht und lebendige Säure.

Es ist ja ein offenes Geheimnis, daß die Qualität der deutschen Rotweine allgemein, also nicht nur die der Pfälzer, zur Zeit Stufen erklimmt, die zwar noch nicht ganz zur absoluten Spitze reichen, die man aber in dieser Höhe auch nicht erwartet hätte. Wo liegt der Grund dafür? Nun, junge Winzer holen sich zunehmend Wissen aus den traditionellen Weinbauländern Europas, „stehlen“ gewissermaßen mit Auge und Zunge und übertragen ihre Kenntnisse auf den heimischen Betrieb, den sie dann aber auch anderen Interessenten öffnen. So können Sie bei vielen Winzern und Winzergenossenschaften Weine – vom Landwein, dem „Zechschoppen“, bis zur Auslese – probieren. Teilweise sogar kostenlos oder für einen ganz niedrigen Betrag. Gratis sind aber in jedem Fall die Erläuterungen und Erklärungen des Winzers zu den entsprechenden Weinen.
Sicher mit ausschlaggebend für die heutigen Erfolge der Pfälzer Weine sind die Besucherströme im Herbst, zur Weinlesezeit. Denn wer einmal in geselliger Runde „e Näs'l voll Woi genumme hot“, der ist vom „Pfälzer Gold“ und der Pfälzer Fröhlichkeit so angesteckt, daß er immer wieder rückfällig werden wird. Und damit dies auch stets so bleiben möge, hat der bekannte Pfälzer Mundart- und Heimatdichter Paul Tremmel ein richtiges „Winzergebet“ verfaßt, das folgendermaßen lautet: *„Liewer Gott – ich will net groine, awwer loss die Sunn fescht scheine,/loss die Trauwe or'ndlich brote, daß de Woi kann gut gerote,/sorg defor – daß nix verfriert, nix mimm Sauerworm bassiert,/daß net regent – in de Blüt', dasser kee Pernoschbra krieht,/dasser – wann er mol im Faß – gäre duht – un werd ach was,/dasser gut werd – schunn als Neier! Mach die Koschte net so deier!/Allee – mach halt graad was widd, awwer trotzdem – doch e Bitt:/Nemm e bissel Rücksicht als, uff die Winzer aus de Palz!/Drum, hochgepriesen sei Dein Namen: Gelobt sei Jesus Christus – Amen!“*
Daß man aus dem Rebensaft nicht nur süffigen Wein machen kann, sondern auch eleganten Sekt und hochwertige Brände, weiß man in der Pfalz natürlich längst. Aber weder Wein noch Hochprozentiges, sondern Essig wurde für einen Pfälzer wahrlich zum Goldesel und machte ihn und seine Heimatgemeinde geradezu weltweit berühmt. Ich rede

von „Schorsch“ und Johanna Wiedemann und ihrem Essigweingut „Doktorenhof“ in Venningen bei Edenkoben. Wer hätte je gedacht, daß Essig aus der Pfalz heute in der Delikatessenabteilung des berühmten Harrod’s in London oder dem Feinschmeckermekka Kadewe in Berlin ebenso zu finden ist wie in den Küchen der deutschen Gourmettempel, in Hongkong, in Colombo, in Shanghai und auch in den USA. Spitzenhotels laden Georg Wiedemann zu Küchenfesten ein, die er dann mit seinen persönlichen Kreationen krönt, indem er als Aperitif zum Beispiel einen appetitanregenden Schluck Essig aus einem Traminerauslesewein, angesetzt mit Orangenblüten, oder zwischen den einzelnen Menügängen, gewissermaßen anstelle eines Sorbets, einen Schluck Essig aus einer Trockenbeerenauslese oder als Digestif einen Essig mit Eukalyptus kredenzt. Ja und solche Auftritte „garniert“ er dann noch zusätzlich mit eigenen Bildern, die – natürlich – mit Essigfarben gemalt werden. Der Künstler selbst versieht auch jede Essigflasche mit eigens von ihm gestalteten Etiketten. Und auch die Flaschen werden nach seinen Ideen und Entwürfen gestaltet – und teilweise sogar mundgeblasen. Georg Wiedemann hatte beizeiten erkannt, daß das kleine ererbte Weingut nicht ausreichen würde, große Sprünge zu machen.

Kunstvoll veredelte Spitzenprodukte sind die Essig-Essenzen aus dem „Doktorenhof“ in Venningen. Im Harrod’s in London sieht man sie heute ebenso wie in den Gourmettempeln Shanghais, Hongkongs oder der USA.

Ein Schoppen ist in der Pfalz immer ein halber Liter. Oft kommt er wie hier, im Garten des Weinhauses Henninger in Kallstadt, im „Dubbeglas" auf den Tisch. Der Name kommt von den eingeschliffenen kreisförmigen Vertiefungen. Hat man sich gegen später entschlossen, nach Hause zu gehen, bringt der Wirt den sogenannten „Trollschoppen", der die Runde macht, bis er leer ist. Und wer zuletzt am Zug war, bestellt den nächsten ...

Alte Bücher aus der Bibliothek seiner Großeltern brachten ihn auf die Essigidee. Ja und was sich ein echter Pfälzer in den Kopf setzt, das zieht er auch durch. Mittlerweile zieht der Doktorenhof wahre Besucherströme an. Fasziniert sind alle: die einen vom Essig, die anderen von den Bildern des Künstlers Wiedemann, wieder andere von den kunstvoll entworfenen und gestalteten Flaschen für die vielen verschiedenen Essigsorten, wieder andere vom Weinessiggelee, das sich als pikante Beilage zu Pasteten oder Terrinen eignet oder vielleicht sogar von den Essigpralinen ... Die meisten Bewohner des lieblichen Weinörtchens Venningen waren anfangs auf den Essigmacher übrigens gar nicht gut zu sprechen. Glaubten sie doch, der ganze Ort und seine Weine würden nur noch als „Essig" abgestempelt. Heute profitieren alle: die Venninger von den vielen Besuchern, denen sie ihre hervorragenden Weine verkaufen können, der Künstler selbst und sogar ein Bäcker, der nur freitags ein bestimmtes Brot bäckt, das dort selbst Liebhaber aus Mannheim, Karlsruhe und Heidelberg holen.

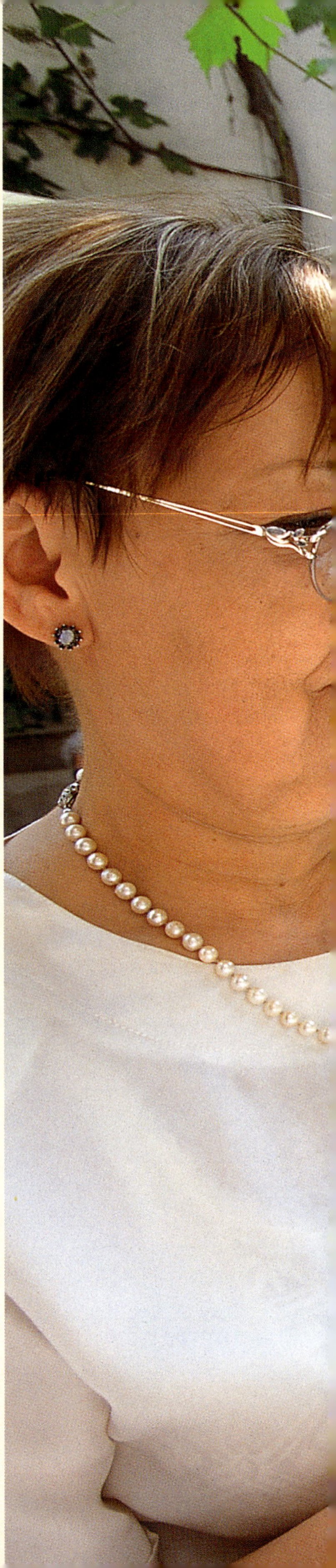

Pfälzer Gemütlichkeit

Wer etwas auf sich hält, legt großes Augenmerk auf sein 'Aushängeschild'. So auch der Löwenwirt in Altdorf bei Neustadt.

Vieles zeichnet die Weinstuben und Gasthäuser dieser Region aus. Und da es den Rahmen dieses Buches sprengen würde, alle Lokale der Pfalz vorzustellen, seien hier nur diejenigen genannt, die dem Autor aus persönlichen Gründen ans Herz gewachsen sind. Entlang der Weinstraße und in den „Seitensträßchen" sind das zum Beispiel die **Gerümpelstube** in Wachenheim, ausgestattet mit wunderschönen Gegenständen, die man nur ungern als Gerümpel bezeichnen würde, die aber diesem unverwechselbaren Lokal den Namen gegeben haben. Dann der **Henninger** in Kallstadt – wo einst Bundespräsident „Papa" Heuß den berühmten Saumagen aß – und trank, denn der Kallstadter Saumagen ist auch eine Weinlage der Pfalz. In Ungstein gibt es das **Herrenberg,** gut besucht wegen der großen Rumpsteaks mit knusprigen Bratkartoffeln, dann im heimeligen Örtchen Forst den **Schockelgaul,** ein ganz einfaches Lokal, so richtig „zum Hocke". Forst ist außerdem auch der Heimatort des Pfälzer Dichters Paul Tremmel. Im Herzstück der Pfalz, in Deidesheim, residiert Kanzlerkoch – und Gastgeber vieler Staatsgäste – Manfred Schwarz im **Deidesheimer Hof.** In seinem Gourmet-Restaurant **Schwarzer Hahn** kann man neben der bodenständigen, aber bis ins Höchste verfeinerten Regionalküche auch Leckerbissen wie Carpaccio von Seezunge und Lachs oder Jakobsmuscheln auf Blattspinat mit weißen Trüffeln genießen. Nicht zu vergessen die **Kanne** in Deidesheim, dessen langjähriger, bekannter Küchenchef, Lutz Überschaer, heute aber in Neuleiningen in der **Alten Pfarrey,** einem kulinarischen Puppenstübchen unterhalb der Burgruine, seine Gäste verwöhnt. Wer kennt nicht die Weinlage Gimmeldinger Meerspinne? Dort, in Gimmeldingen, können Sie beim Winzer Heinrich Klohr eine Schlachtpartie ganz nach urig deftiger Pfälzer Hausmannsart genießen. Am besten, man bestellt bei Herrn Klohr – bekannt auch durch seine gepflegten Chardonnay-Weine – „e ganze Sau", also ein ganzes Schwein. Das reicht dann für eine „Schlachtpartie" von 30 bis 40 Personen, wobei jeder noch das begehrte „Schlachtpäckche" mit Wurst und Kotelett mitnehmen kann. Außerdem empfehlenswert in Gimmeldingen ist **Muglers Kutscherhaus.** Hier paßt alles: die Atmosphäre, die Bewir-

tung und die Küche. Eines der bekanntesten Lokale in der Pfalz aber ist die **Eselsburg** in Neustadt-Mußbach. Mit Sicherheit ist dieses Lokal eins der gemütlichsten, nettesten und garantiert das originellste der Pfalz! War man noch nie dort, wird man es kaum auf Anhieb finden. Absolut unscheinbar und doch von Anfang an kurios wirkt das etwas zurückgesetzte frühere Bauernhaus. Betritt man die Gaststube, ist man sofort eingefangen von der Atmosphäre. Gründer der Eselsburg war der für seine etwas schrullige Art weithin bekannte und beliebte Bildhauer und Maler Fritz Wiedemann. Er ist auch für die Ausstattung der Weinstube und des Innenhofs verantwortlich. Da hängt in der Prominentenecke das Bild – mit Autogramm – von Helmut Kohl neben einer Pfälzer Weinkönigin. Zur Zeit der Unterschrift war er noch Ministerpräsident von Rheinland-Pfalz. Dann Karl Mildenberger, der unvergessene Pfälzer Schwergewichtsboxer und Herausforderer des legendären Cassius Clay alias Muhammad Ali, neben Wim Thoelke, dem Showmaster, und Anneliese Rothenberger. Daneben das Fußballidol aus Kaiserslautern, Fritz Walter, und, und, und. Alles Gäste der Eselsburg. Fritz Wiedemann, der Wirt aus Passion, schmückte seine Weinstube aber auch mit eigenen Werken und Souvenirs. So hat jedes Teil in diesem Haus seine

Das Weinkastell zum Weißen Roß in Kallstadt besticht durch den Charme vergangener Jahrhunderte. Dabei stammt das Gebäude des Traditionsgasthofs mit all der kunstvollen Schnitzerei, dem Fachwerk und den Butzenscheiben aus dem Jahr 1953.

Ich glaab, do simmer uns all äänich,/mer „lääbt“ im Lääwe viel zu wenich,/ oft verliert ‘mer ganz de „Sinn“ –/mer lääbt bloos in de Dag eninn/un so ve’flieht die wertvoll Zeit,/ un kummt emol die letschte Seit’/im Lääwensbuch, ganz hinne, muß mancher sich besinne:/ Mer war zwar lang uff dere Welt,/doch hänn die meischde feschtgestellt,/ mer hat in all demm Lääwensschtreß/es „lääwe“ ganz und gar vergess...!

Geschichte. Die künstlerische Ader, das Malen, hat er seinem Sohn Peter vererbt, der nach dem Tod des Vaters die Eselsburg übernommen hat und dabei von seiner Mutter bestens unterstützt wird. Hatte der Vater mit seinen Bildern auf großen Ausstellungen und Vernissagen bereits Erfolge, ist Sohn Peter dabei, ihm auch darin nachzueifern. In der Gestaltung des Pfälzer Küchenzettels hat er den Vater – was Wunder, als gelernter Koch – bereits übertroffen. Gold wert ist dabei sein naturgetreu wiederaufgebauter Backofen, das „Backheis'l“, aus dem 18. Jahrhundert. Darin werden Schweinebraten zubereitet, dann natürlich Saumagen und einmal im Jahr, im November, Gänse gebraten. Das ganze Jahr über gibt's „Schwartemagesalaad“, „weißer Kääs un Quellmänner“ und „Frikadelle mit Gschtempelte“, das ist ein Gemüse, für das Kartoffel und Wirsing in Fleischbrühe gekocht und dann noch grob „g'schtempelt“, also vermanscht werden. „Pfälzer Sprüch'“, die nach zwei bis drei Viertel noch lockerer von der Zunge kommen, runden den Abend ab. Egal von welcher Seite man dieses Gasthaus betrachtet, alles wird unvergeßlich bleiben: die Atmosphäre, das Essen, der Wirt und natürlich die Nummer „0“ auf der Weinkarte. Das ist der Wein, den Peter Wiedemann selbst trinkt.

Weiterhin zieren Namen wie **s'Reiwerle,** das alte Fachwerkhaus in Annweiler, die Liste bekannter Lokale in der Pfalz, denn dort werden – aha, Lothringen läßt grüßen – zweimal wöchentlich Flammkuchen gebacken.

Und nicht ungenannt bleiben darf natürlich die **Krone** in Herxheim-Hayna, wo Karl-Emil Kuntz den Kochlöffel schwingt und sie mehr und mehr zu einem Spitzengourmetlokal macht. Er hat für den Gast nach bestem Essen, zum Beispiel einem Pot au feu von Spargel und drei verschiedenen Pfälzer Fischarten, sogar noch ein gemütliches Hotelzimmer, in dem man von weiteren herrlichen Genüssen der Pfalz träumen kann ...

Am Ende dieses Kapitels – und zum richtigen Gebrauch desselben – möchte ich Ihnen noch ein paar Verse des Pfälzer Humoristen Eugen Damm auf den Weg geben. Sie finden sie auf dieser Seite links oben.

Die Eselsburg in Neustadt-Mußbach hat mit einer Festung nichts zu tun. Vielmehr handelt es sich um eine gemütliche Weinstube mit Gewächsen von den besten Lagen und guter, traditioneller Pfälzer Küche. Sogar ein altes Backhaus hat man dort in die heutige Zeit hinübergerettet.

Berühmte Feste

Im Feiern sind die Pfälzer wahre Weltmeister. Vom Frühjahr bis weit in den Herbst wiegt sich allein die Weinstraße im Takt von rund 500 Festen. Immer ein schöner Blickfang sind dabei prächtige historische Kostüme.

Feste jeglicher Art prägen gemeinsam mit dem Wein die schönen Seiten im Leben eines jeden Pfälzers. Das reicht von der kleinen spontanen Schoppenrunde, auf die man jederzeit und immer stoßen kann, bis hin zu den echten Großveranstaltungen, die jedes Jahr Zehntausende in (Schunkel-)Bewegung versetzen. Allen voran das größte Weinfest der Welt, der **Derkemer Worschtmarkt,** also der Dürkheimer Wurstmarkt. Rund um das größte Faß der Welt feiert man jedes Jahr an zwei Wochenenden im September. Würde man die auf diesem Fest verzehrten Bratwürste aneinanderreihen, könnte man die Strecke Bad Dürkheim – Hamburg hin und zurück nahtlos damit belegen. Findige Rechenkünstler kamen zu diesem Ergebnis. Zu diesem Fest gehören auch traditionell die Stände, an denen man „Weck, Worscht und Woi" genießen kann: Es sind die „Schubkärchler". Ihren Namen haben sie von daher, daß die Winzer früher ihren Wein auf dem Schubkarren zum Markt fuhren und ihn dann in diesen „Ständen", vier Pfosten, bedeckt mit einer Plane als Dach, zum Trinken und zum Verkauf feilboten. Selbstverständlich sind diese Stände heute komfortabler, aber im Grundprinzip nach wie vor so angelegt.

Das **Deutsche Weinlesefest** im Oktober in Neustadt, mit einem Winzerfestzug am Sonntag, hat seine Hauptattraktion mit der Wahl der deutschen Weinkönigin und der Namensfindung für den jeweiligen Jahrgang. „Das Volk" vergnügt sich dabei in einem „Winzerdorf", das vor der Festhalle in Form von kleinen Fachwerkhäusern aufgebaut wird.

Beliebt ist auch die **Deidesheimer Weinkerwe** Anfang August, die ebenfalls an zwei aufeinanderfolgenden Wochenenden gefeiert wird. Hier handelt es sich praktisch um ein Straßenfest, man nennt den Hauptschauplatz auch etwas hochtrabend „die Weinmeile", wo jeder Winzer seine Weine mit den bekannten Pfälzer Spezialitäten, aber auch eigenen Gerichten „aus Omas Küche" anbietet. Für viele Besucher gehört diese Kerwe ebenso wie die alljährliche **Geißbockversteigerung** an Pfingsten, ebenfalls in Deidesheim, zu den schönsten Weinfesten der Pfalz. Bei besagter Versteigerung wiederholt sich – einem gut 600jährigen Brauch folgend – an jedem Dienstag nach Pfingsten dasselbe Ritual: Das

jüngste Brautpaar aus der Nachbargemeinde Lambrecht bringt einen Geißbock nach Deidesheim. Er war seit jeher das Entgelt für Weiderechte auf Deidesheimer Gemarkung. Jeder kann sich dann davon überzeugen, daß der Bock „gut gehörnt und gebeutelt" ist, bevor er gegen Abend versteigert wird.

Nicht zu vergessen auch das **Mandelblütenfest** in Gimmeldingen im Frühjahr. Das Meer blühender Mandelbäume, das diesen Ort jedes Jahr umgibt, gaben diesem Fest den Namen. Höhepunkt des Festes ist die Wahl der Mandelblütenkönigin.

In der Vorderpfalz liegt mitten im Gemüsehauptanbaugebiet der Ort Schifferstadt, der neben seinen Ringern besonders durch eine Gemüseart berühmt wurde: die Rettiche. Was liegt also näher, als dieser scharfen, aber gesunden Wurzel in weiß oder rot dadurch seine Referenz zu erweisen, indem man im Mai oder Juni das **Rettichfest** besucht und sich diese Rettiche schmecken läßt? Ich möchte ja den Bayern nicht zu nahe treten, aber sollten etwa die „Radi" ein original Pfälzer Produkt sein, ähnlich wie die Leberknödel, „die Lewwerknepp", die von den Bajuwaren auch in ihren Spezialitäten-Speisezettel einverleibt wurden? Ich sage ja nichts, ich mein' halt nur ...

Das größte Bierfest der Pfalz dürfte das **Speyerer Brezelfest** im Juli sein.

Man entrinnt auf Festen dem Alltag für kurze Zeit und gefällt sich doch darin, ihn auf die verschiedensten Arten zu zelebrieren. Hier zum Beispiel beim Umzug auf dem „Wurstmarkt" in Bad Dürkheim.

Die traditionelle Geißbockversteigerung lockt jedes Jahr ganze Heerscharen von Besuchern nach Deidesheim. Im Hintergrund das Gasthaus Zur Kanne, wohl das älteste in der Pfalz.

Kleinere Feste sind in St. Martin der **Martinsumzug** im November mit dem traditionellen Gänsebratenessen in den Lokalen der Gemeinde, das **Spargelfest** im Juni in Dudenhofen und diverse Weihnachtsmärkte, wobei wohl der Deidesheimer in den engen, winkeligen Gassen der anheimelndste ist.

Zu einem Ereignis besonderer Art ist mittlerweile auch der **Erlebnistag** an der Deutschen Weinstraße geworden. Dafür wird sie am letzten Augustwochenende auf ganzer Länge für den normalen Autoverkehr gesperrt und statt dessen von über 300 000 Festgästen – zu Fuß oder auf Rädern – bevölkert. Feiern, und das besonders mit Kindern, kann man aber auch in einem der größten und schönsten Vergnügungsparks Deutschlands, im **Holiday Park Haßloch**. Er ist von April bis Oktober geöffnet und bietet Unterhaltung, Varieté, Spaß und Attraktionen für die ganze Familie. Ja, und so ganz nebenbei hat Haßloch auch noch eine Pferderennbahn, auf der dann der liebe Papa bei der Pferderennwette die Unkosten wieder zurückgewinnen kann – wenn er etwas von Pferden versteht.

12. Jahrhundert
Gasthaus zur Kanne
zur Kanne

Suppen, Vesper und kleine Gerichte

Kerbelsuppe
Brotsuppe

KERBELSUPPE
½ EL Butter
1½ Tassen abgezupfte Kerbelblättchen
1½ Liter Kalbsknochenbrühe ganz nach Ihrem Hausrezept
Salz
2 Eigelb
4 EL süße Sahne
1½ Tassen geröstete Weißbrotwürfel

BROTSUPPE
für 6–8 Personen

150 g feinblättrig geschnittenes Schwarzbrot (ich nehme dazu Steinofenbrot oder Odenwälder Kümmelbrot von Mannheims Meisterbäcker Grimminger)
2 Liter kräftige Fleischknochenbrühe
2 große Zwiebeln, gewürfelt
2 zerdrückte Knoblauchzehen
30 g Schweinefett
1 EL zerdrückter grüner Pfeffer
1 Eigelb
Salz
Pfeffer
1 EL feingeschnittener Schnittlauch

KERBELSUPPE (oben)
Erhitzen Sie die Butter und dünsten Sie die Kerbelblättchen kurz darin an, gießen dann mit der Kalbsbrühe auf und lassen einmal aufkochen. Salzen Sie ganz schwach – um das zarte Aroma nicht zu beeinträchtigen – und ziehen dann die Suppe von der Feuerstelle.
Verrühren Sie die Eigelbe mit der Sahne und rühren diese Mischung mit dem Schneebesen in die Suppe ein. Verteilen Sie nun das Süpple auf die Portionstassen und bestreuen Sie es mit den gerösteten Weißbrotwürfelchen.

Die Frühlingssuppe überhaupt ist ja unsere Kerbelsuppe. Selbstverständlich gibt es auch dafür viele Rezepte. Meines stammt von der Mutter eines Kochfreundes und hat mir besonders gut geschmeckt. Ich bin von dieser ganz einfachen Suppe immer wieder begeistert. Deshalb möchte ich sie Ihnen ganz besonders empfehlen. Probieren Sie diese Suppe aber auch einmal mit Kresse anstelle von Kerbel. Schmeckt auch sehr fein!

BROTSUPPE (unten)
Rösten Sie die Brotscheibchen im Backofen kräftig an und kochen Sie diese dann in 1 Liter Fleischbrühe gut durch. In der Zwischenzeit dünsten Sie die Zwiebeln und den Knoblauch in dem Schweinefett goldgelb und füllen sie mit der restlichen Fleischbrühe auf. Jetzt kommt auch der grüne Pfeffer dazu. Die Brühe mit den Brotscheiben streichen Sie durch ein Haarsieb und geben sie ebenfalls dazu.
So sollte die Suppe kräftig aufkochen und zuletzt mit dem Eigelb legiert werden. Schmecken Sie mit Salz und Pfeffer ab und bestreuen Sie die Suppe kurz vor dem Servieren noch mit Schnittlauch.

Während der närrischen Tage, die ja in der Pfalz heftig gefeiert werden, ist die beliebte Brotsuppe ein herrlicher Mitternachtsimbiß oder eine echte „Katersuppe“. Diese Suppe eignet sich aber auch hervorragend für „gewichtige“ Personen während der Fastenzeit.

Otterstädter Karpfensuppe

Für 6–8 Personen

500 g Weißfischle oder Fischköpfe
1–1,5 kg Zwiebeln, in Stücke geschnitten
2 zerdrückte Knoblauchzehen
3 EL Öl
1 Stange Lauch, in Ringe geschnitten
3 Karotten, in Scheiben geschnitten
4–5 große Fleischtomaten, gehäutet und in Achtel geschnitten
edelsüßer Paprika
⅛ Liter Rotwein
2 EL Tomatenmark
Salz

3 EL Mehl
weißer Pfeffer
1 kg Karpfen oder Hecht, filetiert und in mundgerechte Happen geschnitten
Öl zum Anbraten

Mein Tip:
Geben Sie auf jede Portion Suppe noch einen Klecks saure Sahne und bestreuen sie mit Dill.

Schwitzen Sie die Weißfischle oder Fischköpfe zusammen mit den Zwiebeln und dem Knoblauch in etwas Öl an. Dann geben Sie Lauch, Karotten und Tomaten dazu, streuen edelsüßen Paprika darüber, rühren alles gut durch und gießen mit etwa 2 Litern Wasser auf. Lassen Sie alles ungefähr 2 Stunden leise köcheln und streichen Sie dann diese Suppe durch ein Sieb. Nun geben Sie den Rotwein dazu und das Tomatenmark, schmecken mit Salz ab und lassen diese herrlich duftende Suppe zugedeckt ziehen.
Während dieser Zeit mischen Sie dem Mehl etwas Salz und weißen Pfeffer bei, mehlen damit die Fischstücke und braten sie ringsum in heißem Öl etwas an. So vorbereitet kommen sie in die Fischsuppe, wo sie langsam gar ziehen sollen. Rühren Sie die Suppe nicht mehr um, schütteln Sie den Topf nur noch vorsichtig durch und stellen Sie ihn dann sofort auf den Tisch.
Dazu schmeckt am besten ein knuspriges Weißbrot und ein Glas Rotwein. Am besten ein Dornfelder.
Meine Weinempfehlung:
Ein Ellerstadter Dornfelder.

Otterstadt ist ein kleiner Ort in der Nähe von Speyer, der für sein Karpfenfest berühmt ist. Alljährlich erinnert es am ersten Wochenende im Juli an ein schreckliches Hochwasser des Rheins Mitte des vergangenen Jahrhunderts. Da es damals noch keine Dämme gab, ergoß sich das Wasser auch auf die Wiesen, die den Fischern als Weiden für ihre Kühe und Ziegen dienten. Hilfsbereite Bauern aus Schifferstadt, einer Nachbargemeinde, die man wiederum durch ihre Rettiche und das Rettichfest kennt, nahmen die Kühe und Ziegen deshalb gewissermaßen in Pension. Als Dank haben dann die Otterstädter die Schifferstädter zu einem großen Karpfenessen eingeladen, aus dem sich im Lauf der Jahre das Otterstädter Karpfenfest entwickelt hat. Die Eröffnung dieses traditionellen Festes gipfelt auch heute noch darin, daß einer Delegation Schifferstädter Ratsherren und Bürgern der erste gebackene Karpfen überreicht wird.

Wadle & Sohn
Weinstraße 20
Gleisweiler
Pfalz
Gleisweiler Hölle
wein b. A.
e 0,75 l

Mannemer Supp
Lewwerreissupp

MANNEMER SUPP
Für die Suppe:
2 große Zwiebeln, gewürfelt
1 EL Schweinefett
Mehl zum Überstäuben
1 TL Kümmel
Majoran
½ Liter Fleischbrühe
½ Liter Pilsbier
Salz
schwarzer Pfeffer
Tabasco nach Geschmack

⅛ Liter süße Sahne
4 Scheiben Kümmelbrot
1 EL Butter
1 Bund feingeschnittener Schnittlauch oder gehacktes Zwiebelgrün
4 EL geriebener Gruyère oder anderer Schweizer Käse

LEWWERREISSUPP
Für 6–8 Personen

2 Liter Fleisch- oder Knochenbrühe
1 altbackenes Brötchen
4 EL Milch
20 g Butter
100 g geschabte Schweineleber
1 Ei
½ EL Mehl
1 EL Weckmehl
Salz, Pfeffer
Majoran
1 EL gehackte Petersilie

MANNEMER SUPP (oben)
Für die Suppe werden die Zwiebeln im Schweinefett goldgelb gedünstet und mit Mehl überstäubt. Dann streuen Sie den Kümmel und etwas Majoran darüber, lassen alles leicht rösten und gießen mit der Fleischbrühe und dem Bier auf. Diese Suppe würzen Sie nun mit Salz, Pfeffer und einigen Spritzern Tabasco und lassen sie etwa 20 Minuten köcheln.
In der Zwischenzeit wird die Sahne geschlagen, bis sie dickflüssig ist. Die Kümmelbrotscheiben rösten Sie in der Butter an, bestreuen sie mit Schnittlauch und dem Käse und überziehen sie mit der Sahne. Dann werden sie im Ofen überbacken, bis die Oberfläche braune Bläschen bekommt.
Servieren Sie die Suppe kochend heiß und legen Sie auf jede Tasse eine Kümmelbrotscheibe. Außerdem können Sie noch Kurpfälzer Bauernbrot dazu reichen.

Mannheim, das Tor zur Pfalz, ist eine Bierstadt. Früher beherbergte sie fünf Brauereien in ihren Mauern. Kein Wunder also, daß die Mannemer Supp mit Eichbaum-Bier zubereitet wird.

LEWWERREISSUPP (unten)
Die Fleischbrühe aufsetzen und zum Kochen bringen. Das Brötchen weichen Sie in der Milch ein. Rühren Sie dann die Butter schaumig und vermischen Sie diese mit der geschabten Leber und dem ausgedrückten und zerzupften Brötchen. Dazu mischen Sie dann noch das Ei, Mehl und Weckmehl und würzen nach Geschmack mit Salz, Pfeffer und Majoran.
Diese Masse streichen Sie dann mit einem Kochlöffel durch ein umgedrehtes Reibeisen – so habe ich es bei meiner Mutter gesehen, und so mache ich es auch – in die kochende Fleischbrühe. Nach 5 Minuten haben Sie die herrlichste Suppe, die Sie dann nur noch mit Petersilie bestreuen und servieren müssen.

Obwohl ich immer versuche, nicht zu oft meiner stillen Liebe zu frönen, kann ich es doch nicht lassen. Ich esse nämlich zu gerne Suppen. Eine meiner Lieblingssuppen ist die Lewwerreissupp. Ihren Namen verdankt sie der Tatsache, daß die „Riwwele“, die beim Durchstreichen der Masse durch das Reibeisen entstehen, ein bißchen an Reiskörner erinnern.

Wildsuppe

500 g Reste von Wildbraten oder Wildragout

Für die Brühe:
gebratene Wildknochen
1 Zwiebel, gewürfelt
1 zerdrückte Knoblauchzehe
1 EL Selleriewürfel
1 große gelbe Rübe (Karotte), kleingeschnitten
40 g Butterfett
Salz
edelsüßer Paprika
1 Lorbeerblatt
3 zerdrückte Wacholderbeeren

40 g Butterfett
40 g Mehl
1/8 Liter Burgunder
Madeira zum Abschmecken

Mein Tip:
Geben Sie vor dem Servieren auf jede Portion einen Klecks glattgerührte saure Sahne und vielleicht auch einige in Butter angeröstete Weißbrotwürfel.

Schneiden Sie die Wildfleischreste in Würfel oder Streifen und stellen Sie diese bis zum Gebrauch etwas warm.
Für die Brühe braten Sie die Knochen mit der Zwiebel, dem Knoblauch, Sellerie und Karotte im Butterfett scharf an, bis alles gebräunt ist. Geben Sie nun Salz und Paprika zu, füllen sofort mit etwa 1,5 Liter Wasser auf, geben noch Lorbeerblatt und Wacholderbeeren dazu und lassen alles mindestens 1 Stunde kochen.
Aus Butterfett und Mehl bereiten Sie nun eine braune Mehlschwitze, füllen diese mit der Wildbrühe auf und lassen alles nochmals 2 Stunden gut kochen. Die so entstandene Suppe streichen Sie durch ein Haarsieb, geben den Burgunder dazu, lassen sie nochmals aufkochen und schmecken sie dann mit etwas Madeirawein ab. So können Sie die Suppe bis zum Verzehr aufheben und sie dann zusammen mit den Wildfleischwürfeln erhitzen.

Da die Pfalz, speziell die Ostpfalz, ein verhältnismäßig wildreiches Gebiet mit Hasen, Fasanen, aber auch Wildschweinen ist, haben da im Herbst die Treibjagden noch große Tradition. So eine Treibjagd beginnt mit dem Vorstellen der Jäger, der Bekanntgabe der Jagdordnung durch den Jagdherrn, dem Bläsersignal und einem kleinen Imbiß. Um die Mittagszeit wird dann sehr oft ein Eintopf gereicht. Da die Suppe meistens im Freien gegessen wird, wärmt sie nicht nur von innen, sondern auch die kalten Hände der Jäger. Am Abend endet der Jagdtag mit dem hier üblichen „Schüsseltreiben", also dem geselligen Jagdessen, wo dann auch dem Wein kräftig zugesprochen wird, was wiederum das „Jägerlatein" kräftig blühen läßt.

Frühlingsquark
Schnittlauchküchle

FRÜHLINGSQUARK
500 g Schichtkäse
100 ml Milch
je 1 EL feingeschnittener Schnittlauch, gehackte Petersilie und Kerbel
1 zerdrückte Knoblauchzehe
1 EL zerdrückte grüne Pfefferkörner
Salz
gehackte Zwiebeln, Tomatenscheiben und Kümmel zum Garnieren

SCHNITTLAUCHKÜCHLE
65 g Butter
125 g Mehl
3 Eier
2 EL feingeschnittener Schnittlauch
Salz, Pfeffer
Fett zum Ausbacken

FRÜHLINGSQUARK (unten)
Rühren Sie den Quark mit Milch glatt, vermischen Sie ihn mit den gehackten Kräutern und dem Knoblauch sowie den zerdrückten grünen Pfefferkörnern und schmecken Sie ihn gut mit Salz ab. Beim Servieren können Sie noch gehackte Zwiebeln, Kümmel und in Scheiben geschnittene Tomaten dazulegen.
Sie haben so ein leichtes, aber pikantes Abendessen, zu dem man außer neuen Kartoffeln auch ein herzhaftes Kümmelbrot essen kann.

Wenn die ersten Frühjahrskartoffeln ausgegraben werden, dann ißt man bei uns in der Pfalz „Gequellte un weißer Kees" – also neue Kartoffeln und Quark. Bei diesem Rezept bekommt der Quark durch den grünen Pfeffer eine wunderbar pikante Note.

SCHNITTLAUCHKÜCHLE (oben)
Bringen Sie 1/8 Liter Wasser mit der Butter zum Kochen und rühren Sie sofort das gesiebte Mehl hinein. Lassen Sie dieses Gemisch bei kleiner Hitze unter Rühren so lange kochen, bis sich der „Teig" als großer Kloß vom Topfboden löst. Lassen Sie ihn etwas erkalten und mischen Sie dann die Eier, den Schnittlauch, Salz und Pfeffer darunter. Stechen Sie nun mit einem Teelöffel kleine Klößchen ab und backen diese in Fett schwimmend goldgelb aus. Das dauert ungefähr 5 Minuten. Die angegebene Masse ergibt etwa 20 Stück.

Die Schnittlauchküchle eignen sich hervorragend als Beilage zu Spargel. Aber auch zu gekochtem Ochsenfleisch sollten Sie diese beliebte Beilage einmal servieren.

Bauernhandkäs

Gibt es etwas Schöneres und Würzigeres zum Abendessen als einen „durchenen“ – also reifen – Handkäs mit Musik und dazu ein deftiges, altbackenes(!) Bauernbrot mit Butter? Probieren Sie doch einmal, selbst echten Bauernhandkäs zu machen.

Für den Handkäs:
1 kg weißer Schichtkäse
30 g Salz
Pfeffer
1 EL Kümmel
Essig

Für die „Musik“:
4 EL Essig
3 EL Öl
1 große Zwiebel, feingehackt
Salz
Pfeffer
1 Prise Zucker

feingeschnittener Schnittlauch zum Bestreuen

Binden Sie den Quark in ein Leinentuch und hängen dann dieses Säckchen über einen Topf zum Abtropfen. Ist der Käse schön trocken, vermischen Sie ihn mit Salz, Pfeffer und Kümmel und formen aus der entstandenen Masse ungefähr 14 bis 18 gleichgroße Käselaibchen. Diese setzen Sie auf ein Brett und lassen sie dann – zugedeckt mit einem Tuch – so lange liegen, bis ein leichter Fingerdruck nicht mehr sichtbar ist.

Nun setzen Sie die Käschen in eine irdene oder gläserne Schüssel, bedecken diese mit einem Leinentuch, das mit Essig getränkt wurde, und lassen sie so 3 bis 4 Tage an einem kühlen Ort stehen. Beachten muß man, daß das Essigtuch täglich frisch getränkt wird! Die Käschen werden dann gewendet und müßten nach weiteren 2 bis 3 Tagen „reif“, also leicht gelb und weich, sein.

Die „Musik“ – also die Soße, mit der Sie den Handkäs servieren – bereiten Sie aus Essig, Öl, Wasser, feingehackter Zwiebel, etwas Salz, Pfeffer und einer Prise Zucker. Damit begießen Sie den Käse und bestreuen ihn zusätzlich mit Schnittlauch.

Pfälzer Winzersalat

Ein erfrischender Salat zum Abendessen ist immer zu empfehlen. In der Pfalz wird heute noch, speziell bei traditionsbewußten Familien, besonders gern der Pfälzer Winzersalat gegessen.
Dazu trinkt man einen spritzigen Wein, am besten einen jungen Müller-Thurgau.

150 g weißer Schwartenmagen
150 g Griebenwurst
150 g Fleischwurst
150 g Emmentaler Käse
150 g Ochsenmaulsalat (so wie Sie ihn beim Metzger kaufen)
5 EL Zwiebelwürfel
2 EL feingeschnittener Schnittlauch

Für die Marinade:
5 EL Weinessig
5 EL Öl
1 TL Senf
1 zerdrückte Knoblauchzehe
Salz
Pfeffer
1 Prise Zucker

Schneiden Sie die verschiedenen Wurstsorten und den Käse in dünne Streifen und mischen den Ochsenmaulsalat sowie auch die Zwiebelwürfel und den Schnittlauch darunter.
Bereiten Sie dann aus den angegebenen Zutaten eine Marinade – die Schärfe und die Säure bestimmen Sie ganz nach Ihrem persönlichen Geschmack – und schlagen sie mit dem Schneebesen gut durch, bis sie weißlich und cremig wird. Diese Marinade gießen Sie dann über den Salat und lassen ihn mindestens 2 Stunden durchziehen.
Als Beilage schmecken am besten „Geröschte mit Zwiwwel", also Bratkartoffeln.

Gefüllte Nudeln

Für den Nudelteig:
240 g Mehl
3 Eier
einige Tropfen Essig

Für die Füllung:
2 altbackene Brötchen
1 TL Butter
1 EL Zwiebelwürfel
1 EL gehackte Petersilie
250 g gekochter Spinat
250 g Braten- oder Kochfleischreste (wenn Sie das nicht wollen, dann 250 g Bratwurstbrät)
1 Ei
Salz
Pfeffer

1 Eiweiß
Salz
2 EL gebräunte Zwiebelwürfel zum Bestreuen
1 Liter heiße Fleischbrühe
1 EL gehackte Petersilie zum Bestreuen

Mein Tip:
Essen Sie dazu doch einmal einen Feldsalat mit knusprigen Speckwürfelchen.

Aus Mehl, Eiern und Essig bereiten Sie einen Nudelteig, den Sie möglichst dünn auswellen.
Dann bereiten Sie die Fülle. Dazu weichen Sie die Brötchen in etwas Wasser ein, erhitzen die Butter und dünsten die Zwiebelwürfel und die Petersilie darin an. Dann drehen Sie den Spinat, die Fleischreste und die ausgedrückten Brötchen durch die grobe Scheibe des Fleischwolfs und vermischen diese Masse mit dem Ei sowie Petersilie und Zwiebeln. Schmecken Sie mit Salz und Pfeffer ab.
Diese Masse verteilen Sie nun als kleine Häufchen in gleichmäßigen Abständen auf der einen Hälfte Ihres Teiges, bestreichen die freien Flächen mit Eiweiß und klappen dann die andere Hälfte des Teiges darüber. Mit dem Küchenrädchen zerteilen Sie die Fläche dann so, daß kleine unregelmäßige „Taschen“ entstehen, bei denen die Fülle in der Mitte sein sollte.
Diese gefüllten Nudeltäschchen kochen Sie nun in leicht siedendem Salzwasser etwa 10 Minuten. Sofort herausnehmen, gut mit gebräunten Zwiebelwürfelchen bestreuen und mit heißer Fleischbrühe übergießen. Mit frischer Petersilie bestreuen und servieren.

Mit Sicherheit den schwäbischen Maultaschen nachempfunden sind die gefüllten Nudeln, wie sie in der Vorderpfalz gern gegessen werden. Und sie sind immer wieder ein Erlebnis, die Selbstgemachten ...

Speckplotze

Für den Teig:
500 g Weizenmehl
30 g Hefe
⅛ Liter lauwarme Milch
Salz
1 Prise Majoran

1 Ei
250 g gewürfeltes Dörrfleisch (geräucherter Bauchspeck)

Mein Tip:
Den „Speckplotze" vor dem Backen zusätzlich mit Kümmel bestreuen. So macht es auch mein Freund, Deutschlands „Brotkaiser" Grimminger aus Mannheim. Essen Sie den Kuchen möglichst lauwarm.

Für den Teig sieben Sie das Mehl in eine Schüssel und drücken in die Mitte eine Mulde. Da hinein bröckeln Sie die Hefe und verrühren sie mit der Milch zu einem Vorteig, den Sie mit Mehl überstäuben und gehen lassen. Dann geben Sie noch das Salz dazu, verarbeiten alles zu einem glatten Teig und schlagen ihn, bis er Blasen wirft. Nehmen Sie ihn aus der Teigschüssel, streuen die Schüssel mit Mehl aus und legen die Teigkugel wieder hinein. Lassen Sie nun den Teig, abgedeckt mit einem Tuch, an einem warmen Ort gehen.
Ist er fast bis aufs Doppelte aufgegangen, geben Sie den Majoran hinzu und kneten ihn nochmals gut durch. Dann rollen Sie ihn auf einem Blech gut fingerdick aus und bestreichen ihn mit dem aufgeschlagenen Ei. Darüber verteilen Sie die Speckwürfel und drücken diese leicht auf den Teig. Lassen Sie den „Kuchen" nun nochmals etwas gehen und schieben ihn dann in den auf 200 °C vorgeheizten Backofen und backen ihn 20 bis 25 Minuten.

Wenn der neue Wein kommt, gibt es immer dasselbe Rätselraten. Wird er süß? Wird er sauer? Unabhängig davon freut man sich aber immer auch auf den dazugehörigen „Zwiwwelkuche". Ich möchte Ihnen etwas ganz Altes, aber für viele sicherlich doch etwas Neues, nämlich einen „Speckplotze" dazu empfehlen.

Majoran
GARANTIE
FEINSTAHL

Matjes-Kartoffeln
Omas Heringssalat

MATJES-KARTOFFELN
4 ganze Matjesheringe
¼ Liter süße Sahne
1 kg neue Kartoffeln
1 Zwiebel
60 g Butterfett
Fett für die Form
3 EL Weckmehl
Salz
Pfeffer
je 1 EL feingehackter Dill und Petersilie
1–2 EL Butterflöckchen

OMAS HERINGSSALAT
1 kg Salatkartoffeln
5 Matjesfilets (wer sich die Arbeit machen will, kann auch Salzheringe nehmen, die aber vorher gewässert werden müssen)
⅜ Liter Fleischbrühe
4 EL Weinessig
4 EL Öl
1 EL geriebene Zwiebel
Salz
Pfeffer

Mein Tip:
Ich gebe kurz vor dem Servieren knusprig gebratene Speckwürfel über den Salat und trinke dann ein gut gekühltes Bier dazu.

MATJES-KARTOFFELN (oben)
Die Heringe werden sauber geputzt, filetiert, in schmale Streifen geschnitten und gleich mit der Sahne übergossen. Die Kartoffeln kochen Sie in der Schale, schälen sie und schneiden sie dann in dünne Scheiben. Die Zwiebel würfeln Sie und dünsten sie im Butterfett goldgelb an.
Fetten Sie nun eine feuerfeste Form gut aus, bestreuen sie rundum mit etwas Weckmehl und füllen nun diese Form zuerst mit einer Lage Kartoffelscheiben, darüber etwas Salz und Pfeffer, einige Zwiebelwürfelchen, eine Lage Heringsstreifen und darüber 4 Eßlöffel Sahne. Streuen Sie zwischen die einzelnen Lagen etwas Dill und auch Petersilie. Das gibt den letzten Pfiff! Dies wiederholen Sie, bis alles aufgebraucht ist. Achten Sie aber darauf, daß die letzte Lage Kartoffeln sind. Darauf streuen Sie jetzt das restliche Weckmehl und verteilen darüber die Butterflöckchen. Seien Sie mit der Butter nicht zu sparsam.
Dann schieben Sie Ihre Form in den auf 150 °C vorgeheizten Ofen und lassen den Auflauf ungefähr 1 Stunde backen.
Als Beilage schmeckt vorzüglich ein Salat von grünen Bohnen.

OMAS HERINGSSALAT (unten)
Kochen und schälen Sie die Kartoffeln und schneiden Sie sie in dünne Scheibchen. Die Matjesfilets schneiden Sie in kleine Würfel. Erhitzen Sie nun die Fleischbrühe und geben Essig, Öl, Zwiebel, Salz und Pfeffer dazu. Diese Flüssigkeit gießen Sie über die Kartoffelscheiben. Darunter mengen Sie nun die gewürfelten Heringsfilets. So sollte der Salat im warmen Zimmer etwa 1 Stunde durchziehen. Dann ist er servierbereit.
Wenn Sie Salzheringe verwenden, können Sie den Rogen durch ein Sieb streichen und zu der Marinade geben. Dadurch wurde Omas Salat immer so pikant!

Auch in der Pfalz ißt man gerne Heringe. Nicht nur mariniert, sondern zum Beispiel als Matjes-Kartoffeln, wie sie meine Mutter oft gemacht hat, oder eben als Salat mit Kartoffeln.

Saure Eier

12 Eier
100 g Mehl
50 g Butterfett
1½ Liter Fleischbrühe
1 Bund Suppengrün, kleingehackt
3 Gewürznelken
1 Lorbeerblatt
1 Zwiebel
1 Scheibe von einer unbehandelten Zitrone
Salz
5 Pfefferkörner
2 EL Riesling
1 Prise Zucker

Mein Tip:
Ich bestreue die Eier vor dem Servieren mit gehacktem Schnittlauch, was dem Gericht eine noch pikantere Note gibt.

Die Eier werden hart gekocht, in der Schale oder als „verlorene Eier". Rösten Sie dann das Mehl im Butterfett braun an und gießen mit der Fleischbrühe auf. Nun geben Sie das Suppengrün, die mit Nelken und Lorbeerblatt gespickte Zwiebel, die Zitronenscheibe, etwas Salz und die Pfefferkörner hinzu und lassen das Ganze 2 bis 3 Stunden (jawohl!) leise köcheln. Durch das lange Köcheln wird die Soße richtig cremig.
Dann streichen Sie die Soße durch ein Sieb, geben den Riesling dazu, lassen sie aufkochen und schmecken nochmals mit Salz und vielleicht einer Prise Zucker ab. Nun richten Sie die halbierten Eier in einer flachen Schüssel oder auf einer ovalen Platte an und übergießen sie mit Ihrer Soße.
Als Beilage dazu schmecken am besten Salzkartoffeln oder auch Kartoffelpüree.

Ein beliebtes Abendessen oder Freitagsessen waren während meiner Kindheit saure Eier, ein billiges, aber sehr schmackhaftes Gericht. Vor allen Dingen konnte man es gut vorbereiten, und meine Mutter hatte nicht zu viel Arbeit an ihrem Putztag.

Herzhaftes mit Fleisch, Wurst und Fisch

Gedämpfte Ochsenbrust

1,5 kg Ochsenbrust, die Sie sich vom Metzger gut klopfen und wie zu einem Rollbraten vorbereiten lassen
Salz
Pfeffer
1 Zwiebel
1 gelbe Rübe (Karotte)
½ Sellerieknolle
der ganze Strunk von 1 Wirsing
1 Bund Petersilie
1 Liter kräftige Fleisch- oder Knochenbrühe
125 g saurer Rahm
1 Prise Muskat

Ihre Ochsenbrustrolle salzen und pfeffern Sie rundum kräftig ein und legen sie in eine Kasserolle, am besten in einen Eisenbräter mit Deckel. Putzen Sie dann das Gemüse, schneiden es in kleine Stücke und geben es zusammen mit dem grob zerkleinerten Wirsingstrunk und der Petersilie zu dem Fleisch. Dann übergießen Sie alles mit der Fleischbrühe. So schieben Sie den verschlossenen Bräter in den Backofen und lassen Ihr Fleisch bei 150 °C ungefähr 3 Stunden garen. Dabei sollte es alle 30 Minuten gewendet und wieder mit Brühe begossen werden.

Ist das Fleisch fertig, nehmen Sie es aus dem Bräter, bedecken es mit Pergamentpapier oder Alufolie und stellen es warm. Dann passieren Sie die Soße, lassen sie nochmals aufkochen, geben den sauren Rahm dazu, rühren mit dem Schneebesen nochmals kräftig durch und servieren nun Ihre Ochsenbrust in Scheiben geschnitten und mit Soße übergossen. Dazu schmeckt am besten ein Wirsinggemüse und Petersilienkartoffeln. Vergessen Sie beim Wirsing aber nicht eine Prise Muskat.

Ein herrliches Gericht, dabei aber sehr einfach und leicht, ist die gedämpfte Ochsenbrust, wie sie meine Tante Luise immer dann gemacht hat, wenn es den ersten Wirsing gab. Das „Werschinggemies“ gehört eben einfach dazu. Manchmal hat sie es mit den gekochten Kartoffeln zu einem „Stampf“, also einem festen Brei, vermischt. War immer prima!

Pot au feu

1,5 kg Rindfleisch, ich nehme am liebsten Hochrippe
Salz
Pfeffer
1 Bund Petersilie
2 Zweige frischer Thymian
2 Stangen Lauch
1 Sellerieknolle
4 gelbe Rüben (Karotten)
2 Zwiebeln, gespickt mit jeweils 2 Nelken
1 junger Wirsing, in Streifen geschnitten
2 schöne Markknochen
1 Knoblauchzehe
gehackte Petersilie zum Bestreuen

Mein Tip:
Reichen Sie dazu saure Gewürzgurken und auf jeden Fall auch süßsauren Kürbis und eingelegte Zwetschgen.

Das Fleisch wird gut mit kaltem Wasser bedeckt aufgesetzt und zum Kochen gebracht. Nun müssen Sie es sofort abschäumen, Salz und Pfeffer zugeben sowie auch Petersilie und Thymian. So muß Ihr Fleisch nun 1 Stunde kochen.

In der Zwischenzeit bereiten Sie das Gemüse vor. Die Lauchstangen und die Sellerieknolle werden geviertelt, die gelbe Rübe geputzt. Alles dazugeben und zusammen mit den Zwiebeln auf kleiner Flamme nochmals 1½ Stunden köcheln lassen. Jetzt kommen noch der streifig geschnittene Wirsing, die Markknochen und der Knoblauch dazu. Dann sollte Ihr „Potfö" nochmals ½ Stunde leise köcheln.

Nun nehmen Sie das Fleisch aus dem Topf, schneiden es in Scheiben, richten diese auf einer vorgewärmten Platte an, legen drumherum das Gemüse und bestreuen alles nochmals gut mit gehackter Petersilie. Die Brühe seihen Sie in eine Terrine. Man kann sie vorher als Suppe essen. Ich mag dazu am liebsten geröstetes Weißbrot, das ich mit dem Mark der Ochsenknochen bestrichen habe.

Das nahe Frankreich wahrscheinlich machte das „Potfö" zu einem beliebten Gericht in der Pfalz. Ich kann Ihnen versichern: ein herrliches Essen!

Pfälzer Jägerfleisch

1 mittelgroßer Weißkohlkopf
2 EL Salz
750 g Dörrfleisch (am besten schmeckt schwarzgerauchtes)
500 g Kartoffeln, geschält und in Würfel geschnitten
1 EL Butterfett
schwarzer Pfeffer

Mein Tip:
Braten Sie noch eine in Scheiben geschnittene Zwiebel knusprig braun und verteilen Sie diese über Ihr fertiges Gericht.

Das Kraut wird ganz fein gehobelt, gesalzen, in eine Schüssel gegeben, gut eingestampft und beschwert. So lassen Sie es mindestens 24 Stunden an einem kühlen Ort stehen.
Mit der entstandenen Brühe setzen Sie das Kraut nun auf und kochen es mit dem Dörrfleisch 1–1½ Stunden lang, je nachdem, wie bißfest das Fleisch sein soll. Wenn nötig, noch etwas Wasser dazugeben. Danach nehmen Sie das Fleisch heraus, geben die Kartoffeln hinein und kochen sie im Kraut weich.
Während dieser Zeit schneiden Sie das gekochte Fleisch in Scheiben und braten diese in heißem Fett beidseitig gut an. Das ausgebratene Fett mischen Sie unter das Kraut-Kartoffelgemisch, geben es dann auf eine heiße Platte und umlegen es mit den gebratenen Fleischscheiben.

Ein beliebtes Essen meines Vaters war das Jägerfleisch, das nach seinen Aussagen nur meine Mutter wirklich gut zubereiten konnte. Warum es so hieß, kann ich mir nur damit erklären, daß es dieses Gericht meistens an den Jagdtagen gab. Dazu schmeckt übrigens ein deftiges Bauernbrot, ich esse es aber am liebsten „natur“ …

PARK
PILS

Von Kalb und Rind

GEBACKENE KALBSFÜSSE
3 gekochte Kalbsfüße
Salz
Paprika
⅛ Liter Weißwein
2 Eiweiß
Butterfett zum Braten
2 EL Weckmehl

Mein Tip:
Vermischen Sie Ihren Kartoffelsalat kurz vor dem Servieren mit feingeschnittenem Endiviensalat. Das macht den Salat noch frischer.

GEDÄMPFTE FLEESCHKÜCHLIN
1 EL Zwiebelwürfel
1 TL Butter
250 g Rinderhack
250 g Kalbshack
1 Ei
200 g Kartoffeln, gekocht und gerieben (oder durchgedrückt)
1 EL feingehackte Petersilie
Salz
Pfeffer
Muskat

20 g Schweinefett
⅛ Liter Fleisch- oder Knochenbrühe
8 EL süße Sahne

GEBACKENE KALBSFÜSSE (unten)

Entfernen Sie die weiche Haut vorsichtig von den gekochten Kalbsfüßen. Schneiden Sie das Fleisch in mundgerechte Happen oder Streifen und legen Sie diese zwischen zwei nasse Bretter, damit sie leicht gepreßt werden. Diese Stücke werden dann im pikant mit Salz und Paprika gewürzten Weißwein etwa 2 Stunden mariniert.
Dann die Eiweiße leicht schlagen und das Butterfett erhitzen. Die gut abgetrockneten Fleischwürfel wenden Sie zuerst im Eiweiß und dann im Weckmehl und braten sie anschließend goldgelb im heißen Butterfett.
Richten Sie Ihre gebackenen Kalbsfüße nun mit einem herzhaften, saftigen Kartoffelsalat an und vergessen Sie nicht, auf jeden Teller einen Schnitz Zitrone zu legen, denn Zitronensaft macht die gebackenen Fleischwürfel noch pikanter.

Dieses Gericht ist heute fast vergessen. Zu Unrecht! Denn die gebackenen Kalbsfüße sind eine Delikatesse.

GEDÄMPFTE FLEESCHKÜCHLIN (oben)

Dünsten Sie die Zwiebelwürfel in der Butter leicht glasig. Vermischen Sie die beiden Hackfleischsorten gut mit dem Ei, den Kartoffeln, Zwiebel und Petersilie. Diese Masse schmecken Sie mit Salz und Pfeffer sowie einer Prise – ich liebe diesen Geschmack – Muskat ab.
Erhitzen Sie das Schweinefett in einem Bräter. Formen Sie nun mit nassen Händen „kleene Küchlin“ und braten diese im heißen Fett rundum braun an. Darüber gießen Sie dann die Fleischbrühe und den Rahm und lassen dieses duftende Gericht zugedeckt im Backofen bei mittlerer Hitze etwa 30 Minuten gar ziehen.
Ich esse dazu am liebsten einen Kartoffelsalat.

Hier möchte ich Sie mit dem Lieblingsgericht meines Freundes Fritz Walter, dem Ehrenspielführer der Fußballnationalmannschaft, bekanntmachen. Er behauptet immer, niemand hätte es so gut gemacht wie seine Mutter. Also versuchen wir einmal ‚seine‘ „gedämpften Fleeschküchlin“.

Bierhase

Zutaten:
1 Stallhase
(Hauskaninchen)
Salz
3 EL scharfer Senf
100 g Dörrfleisch
(geräuchter Bauchspeck)
1 Zwiebel
½ Liter Eichbaum
Exportbier
3 EL grüne Pfefferkörner
etwas frischen Thymian
3 Knoblauchzehen
1 Becher Crème fraîche
evtl. ein Schuß Pfälzer
Weinbrand

Der Hase wird in 8 Teile zerlegt, die dann mit Salz und Senf eingerieben werden. Dann schneiden Sie das Dörrfleisch in Würfelchen und erhitzen es zusammen mit dem Butterschmalz. Darin werden die Fleischstücke rundum angebraten und gebräunt. Dazu kommt die würfelig geschnittene Zwiebel, die auch etwas Farbe annehmen muß. Das Ganze wird mit dem Bier abgelöscht. Dazu geben Sie 2 EL Pfefferkörner, ebenso den Thymian und die zerdrückten Knoblauchzehen. So soll alles ca. 1 Std. schmoren. Dann nimmt man die Fleischstücke aus der Sauce und stellt sie warm, püriert die Sauce im Mixer, gibt 1 EL Pfefferkörner dazu, danach Crème fraîche, rührt gut durch, kocht nochmals auf, schmeckt mit etwas Weinbrand ab, gießt die Sauce über die Fleischstücke und serviert den Bierhasen zusammen mit breiten Nudeln oder „Schneebällche", also Kartoffelknödel.

Mein Rezept für den Bierhasen entstand vor gar nicht allzu langer Zeit, nämlich, als wir alle durch die Rinderseuche BSE, die Schweinepest und die Salmonellen so verunsichert waren, daß niemand mehr wußte, welches Fleisch man auf den Tisch bringen sollte. Da erinnerte ich mich an das gute alte Hauskaninchen, also den Stallhasen. Durch die pikante Würze mit Bier und grünem Pfeffer wurde es sofort zu einem „Renner" – na wollen Sie es auch einmal probieren?

Eichbaum
Eichbaum

Saupfeffer
Saure Kuttle

SAUPFEFFER
1 kg Schweinefleisch vom Hals oder Bug

Für die Marinade:
100 ml Weinessig
½ Liter Wasser
2 Scheiben von einer unbehandelten Zitrone
1 Zwiebel, in Scheiben geschnitten
1 Bund Suppengrün, geputzt und zerkleinert
4 Nelken
5 Pfefferkörner
5 Pimentkörner
1 Lorbeerblatt
Salz

⅛ Liter Schweineblut
30 g trocken gebräuntes Mehl
Majoran
frisch gemahlener Pfeffer

SAURE KUTTLE
40 g Schweinefett
1 Zwiebel, feingeschnitten
1 kg Kutteln, die Sie beim Metzger bereits fertig gekocht und geschnitten kaufen können
50 g trocken gebräuntes Mehl
½ Liter Fleischbrühe
3 EL Tomatenmark
1 EL Essig
⅛ Liter Weißwein
Salz

SAUPFEFFER (unten)
Schneiden Sie das Fleisch in nicht zu kleine Würfel. Aus den angegebenen Zutaten bereiten Sie eine Marinade und kochen sie gut durch. Nach dem Erkalten wird sie über die Fleischstücke gegossen, die darin mindestens 24 Stunden ziehen sollten.
Dann kochen Sie das Fleisch in etwa 45 Minuten in der Marinade gar, rühren das mit Blut verrührte Mehl ein und lassen alles nochmals 15 Minuten köcheln.
Würzen Sie mit Majoran und gemahlenem Pfeffer (am besten frisch aus der Mühle) pikant ab und servieren Sie dieses herrliche Essen mit Kartoffelknödel.

Gibt es bei einem Schlachtfest etwas Besseres als den guten alten Saupfeffer und dazu lockere „Schneebällche", also Kartoffelknödel, und ein Bier? So schmeckt's auch mir am besten. In manchen Teilen der Pfalz werden allerdings auch Nudeln zum „Saupfeffer" gegessen.

SAURE KUTTLE (oben)
Erhitzen Sie das Schweinefett und schwitzen Sie die Zwiebel darin goldgelb an. Danach fügen Sie die streifig geschnittenen Kutteln dazu und lassen sie ungefähr 15 Minuten dünsten. Nun streuen Sie das geröstete Mehl darüber, gießen nach weiteren 10 Minuten die Fleischbrühe an, geben das Tomatenmark dazu und lassen das Ganze weitere 20 bis 30 Minuten köcheln.
Als letzte Zutaten fügen Sie dann Essig und Wein hinzu und schmecken mit Salz ab.
Nachdem Ihre Kutteln nun noch etwas gezogen haben, servieren Sie sie sofort mit „Kartoffelsticke", also Salzkartoffeln.

Ein Pils

Schweinerollen

8 jeweils 1 cm dicke handflächengroße Schweineschnitzel aus der Keule
Saft von 1 Zitrone
Salz
Pfeffer
16 schöne Salbeiblätter
2 EL Schweinefett
2 EL Mehl
1 Zwiebel, feingehackt
1 gelbe Rübe (Karotte), gewürfelt
1/8 Liter Fleischbrühe
1/8 Liter Weißwein

Mein Tip:
Rühren Sie zum Schluß noch etwas Sahne in die Soße, oder – dann ist es fürs Auge noch schöner – Sie geben erwärmte Sahne über die bereits mit der Soße angerichteten Fleischrollen.

Die Fleischscheiben werden gut geklopft, mit Zitronensaft eingerieben, mit Salz und Pfeffer bestreut, gerollt, mit jeweils 2 Salbeiblättern umwickelt und mit Faden umbunden.
Dann erhitzen Sie das Schweinefett in einem Bräter. Die Rollen werden in Mehl gewälzt und zusammen mit der Zwiebel und den Gelberübenwürfeln im Schweinefett scharf angebraten. Darüber gießen Sie die Fleischbrühe und die Hälfte Ihres Weines, rühren noch einmal um, verschließen den Bräter mit einem Deckel und schmoren die Fleischrollen etwa 45 Minuten auf dem Herd oder im Backofen. Dann nehmen Sie die Rollen heraus, entfernen die Fäden und die Salbeiblätter und stellen sie warm. Den Bratenfond streichen Sie durch ein Haarsieb, kochen ihn mit dem restlichen Wein nochmals auf, schmecken pikant ab und gießen diese Soße nun über die Schweinerollen.
Als Beilage esse ich dazu am liebsten Rotkraut und „Buwespitzlin“. Ich empfehle dazu einen Wein aus der Vorderpfalz, vielleicht einen halbtrockenen Riesling.

Jeder kennt Rindsrouladen und fast jeder hat dazu sein eigenes Hausrezept. Ich möchte Ihnen Schweinerollen empfehlen, die zwar nicht gefüllt werden, aber sehr gut schmecken und vor allem durch frischen Salbei einen besonderen Pfiff bekommen.

TROCKEN
PFALZ

Schwademage vun de Kilians Oma

600 g gesalzenes Schweinefleisch von der Schulter
1 gesalzene Schweinezunge
1 gesalzenes Schweinsohr
1 Kalbsfuß
500 g Schweineschwarten
1 große Zwiebel
1 gelbe Rübe (Karotte)
6 Pfefferkörner
2 Nelken
Salz
Muskat
1 TL Senfkörner
6 Pfefferkörner
1/8 Liter Müller-Thurgau
1 von Ihrem Metzger gereinigter und zum Füllen vorbereiteter Schwartenmagen

Schweinefleisch, Zunge, Ohr, Kalbsfuß und Schwarten werden mit Zwiebel, gelber Rübe, Pfefferkörnern, Nelken und Salz in etwa 4 Liter Wasser aufgesetzt und 1 1/2 Stunden gekocht.
Noch warm müssen alle Fleischsorten, Schwarten und auch die Haut des Kalbsfußes in etwa 1 1/2 x 3 cm große Würfel geschnitten und mit Muskat, Senf- und Pfefferkörnern vermengt werden. Dazu kommt 1/2 Liter Kochbrühe und der Wein. Diese Masse füllen Sie in den vorbereiteten Magen ein – er sollte dabei nicht zu prall werden, etwas Luft muß drin sein –, binden die Füllöffnung gut zu, legen den Schwartenmagen in die verbliebene warme Kochbrühe und lassen ihn bei schwacher Hitze etwa 1 1/4 Stunden langsam gar kochen.
Dann nehmen Sie den Magen aus der Brühe, legen ihn zum Auskühlen in eine Schüssel und anschließend zwischen zwei Küchenbrettchen, die Sie etwas beschweren. Am nächsten Tag ist Ihr Schwartenmagen fertig.
Servieren Sie ihn mit sauren Gurken zu Bauernbrot oder mit einer Vinaigrette zu Bratkartoffeln.

Haben Sie schon einmal einen Schwartenmagen selbst zubereitet? Ich verspreche Ihnen, es wird Ihnen viel Spaß machen. Vor allem wenn Sie sich an das Rezept der alten Frau Kilian halten.

Berts Schweinebauch in der Kruste

1,5–1,8 kg magerer Schweinebauch
1 zerdrückte Knoblauchzehe
Salz
Pfeffer
Nelkenpfeffer (Piment)

Für die Füllung:
1 Zwiebel
2 EL gehackte Petersilie
2 EL Schweinefett
2 Scheiben Graubrot
500 g grobes Bratwurstbrät
1 Ei
150 g Pfifferlinge
2 gekochte Karotten, gewürfelt
Kümmel
Majoran
Salz
Pfeffer
1 kleine zerdrückte Knoblauchzehe

1 kg Brotteig (vom Bäcker fertig kaufen oder aus einer Backmischung selbst herstellen)
Kümmel zum Bestreuen
Fett für das Backblech
1 Eiweiß zum Bestreichen

In das Fleisch lassen Sie vom Metzger eine „Tasche" einschneiden. Dann reiben Sie es innen und außen mit Knoblauch, Salz, Pfeffer und etwas Piment ein.
Für die Füllung wird die Zwiebel in Würfel geschnitten und mit der Petersilie in 1 Eßlöffel Schweinefett gedünstet. Das Brot in Würfel schneiden und im restlichen Fett rösten. Das Bratwurstbrät mit Ei, dem Petersilie-Zwiebelgemisch, den Pfifferlingen, den gerösteten Brotwürfeln und den Karotten vermischen. Mit Kümmel, Majoran, Salz, Pfeffer und auch etwas Knoblauch abschmecken.
Diese Masse in den Bauch einfüllen, zunähen und – die Schwartenseite nach unten – locker in eine Klarsichtbratfolie legen. Die Folie an beiden Seiten zubinden, mit der Stecknadel ein kleines Loch an der Oberseite einstechen und das so vorbereitete „Paket" mit dem Rost auf die Mittelschiene des auf 250 °C vorgeheizten Backofens schieben. Nach etwa ¼ Stunde schalten Sie den Ofen auf 180 °C und lassen das Fleisch 2 bis 2½ Stunden schmoren.
Den Braten herausnehmen und abkühlen lassen. Während dieser Zeit rollen Sie den Brotteig aus, bestreuen ihn mit Kümmel, legen das Fleisch, mit der Schwartenseite nach unten, auf den Teig und schlagen ihn über dem Braten zusammen, so daß ein Brotlaib entsteht. Diesen umdrehen – also die zusammengelegten Teigstellen nach unten – auf ein gefettetes Blech legen und den Laib nun mit Eiweiß bestreichen und mit Kümmel bestreuen. Im 250 °C heißen Backofen krustig goldbraun backen. Vor dem Anschneiden etwas ruhen lassen.
Als Beilage empfehle ich Ihnen für den Sommer einen deftigen Krautsalat oder Kartoffelsalat und für den Winter ein erfrischendes Sauerkraut, das mit Wein verfeinert wurde.

Wer kennt nicht den Pfälzer Saumagen? Spätestens seit unser Bundeskanzler dieses Gericht populär machte, hat es allgemeine Bekanntheit erlangt. Ich habe daraus schon vor mehr als 20 Jahren ein eigenes, neues Gericht gemacht und wurde damit „Best cooking man of Europe". Hier ist das Rezept.

Lewwerworscht Lewwerkartoffel

LEWWERWORSCHT
250 g Schweinebug
250 g Bauchlappen, ausgebeint
1 Bund Suppengrün, geputzt und kleingeschnitten
1 Zwiebel
3 Gewürznelken
1 Lorbeerblatt
Salz

500 g gemahlene oder selbstgeschabte Schweineleber
1 TL Majoran
½ TL schwarzer Pfeffer
1 Prise Muskat
Schweinefett für die Form

Mein Tip:
Wollen Sie Ihrer Wurst eine etwas „modernere" Würzung geben, mischen Sie zu der Wurstmasse vor dem Einfüllen ein paar zerdrückte grüne Pfefferkörner.

LEWWERKARTOFFEL
1 kg gekochte, geschälte Kartoffeln
2 EL Schweinefett
250 g frische hausmacher Leberwurst
Salz
6 EL Milch
2 Eier

LEWWERWORSCHT (oben)
Das Fleisch wird mit Suppengrün, der Zwiebel und den Gewürzen in 1 Liter Wasser kalt aufgesetzt und ungefähr eine ¾ Stunde gekocht. Anschließend nehmen Sie das Fleisch heraus und lassen es abkühlen.
Drehen Sie es dann durch die große Scheibe Ihres Fleischwolfs und vermischen es mit der Leber, den Gewürzen, Salz und ungefähr ¼ Liter der Kochbrühe vom Fleisch. Diese Masse gießen Sie nun in eine gefettete Tonform (mit Deckel, aber keinen Römertopf) oder in eine Schüssel aus Jena-Glas. Gut zugedeckt kochen Sie so Ihre Leberwurst im Wasserbad ungefähr 1½ bis 2 Stunden. Gut auskühlen lassen und dann in den Kühlschrank stellen.

Eines meiner Lieblingsgerichte ist frische Leberwurst und „Gequellde", also Pellkartoffel. Es ist für mich immer wieder eine Delikatesse. Oft hole ich mir die Leberwurst beim Metzger, meistens dienstags gegen Abend, weil die frische Wurst dann gerade so weit abgekühlt ist, daß sie nicht „wegläuft". Aber wie wär's, wenn Sie selbst einmal „Ihre" hausgemachte Leberwurst auf den Tisch brächten?

LEWWERKARTOFFEL (unten)
Die Kartoffeln schneiden Sie in etwa 1 cm große Würfel. In einem großen Eisenbräter oder einer Pfanne erhitzen Sie das Schweinefett und braten darin die Kartoffelwürfel, bis sie schön braun sind. Jetzt geben Sie die Leberwurst – in Scheiben geschnitten – dazu, salzen nach Geschmack etwas nach, mengen alles durcheinander und gießen darüber die mit Milch verschlagenen Eier. Ist die Eiermasse gestockt, können Sie das Gericht servieren.
Reichen Sie dazu einen knackigen Kopfsalat, den Sie mit Sahne und vielen Kräutern angemacht haben.

Rehleberklösse

2 altbackene Brötchen
2 EL feingehackte Zwiebeln
1 EL gehackte Petersilie
1 TL Butter
750 g Rehleber
100 g Speck
2 Eier
1 EL Majoran
Salz

Zum Abschmälzen:
50 g Butter
2 EL Weckmehl

Weichen Sie die Brötchen in etwas Wasser ein. Die Zwiebeln und die Petersilie werden in der Butter leicht gedünstet. Die Leber und den Speck drehen Sie durch die feine Scheibe Ihres Fleischwolfs und vermischen sie mit den ausgedrückten, zerzupften Brötchen. In diese Masse geben Sie nun auch noch die Zwiebeln, die Petersilie, Eier, Majoran und Salz. Ist die Masse zu flüssig, mischen Sie noch etwas Weckmehl darunter.
Formen Sie nun kleine Klößchen, die Sie in siedendem Salzwasser in 10 Minuten vorsichtig gar ziehen lassen.
Vor dem Anrichten schmelzen Sie die Butter in einer Pfanne, rösten das Weckmehl darin leicht an und schmälzen damit die Leberklößchen.
Reichen Sie dazu einen knackigen Salat, über den Sie einige ausgebratene Speckgrieben gestreut haben, und Salzkartoffeln.
Dazu paßt hervorragend ein Spätburgunder oder auch ein Portugieser, den ich aus der Wachenheimer Gegend bevorzuge.
Dazu paßt hervorragend ein Spätburgunder oder auch ein Portugieser, den ich aus der Wachenheimer Gegend bevorzuge.

Wenn die Jagd auf Rehböcke aufgeht, freuen sich die Jäger schon lange vorher auf dieses beliebte Gericht. Rehleberklöße vom frisch geschossenen Reh sind nämlich eine besondere Delikatesse. Aber natürlich kann man dieses Gericht auch mit Kalbs- oder Schweineleber zubereiten.

Osterkitzle Winzerfleisch

OSTERKITZLE
¼ Liter Weißwein
1 große Zwiebel
1 gelbe Rübe (Karotte)
1 großes Stück Lauch
2 Knoblauchzehen
½ unbehandelte Zitrone
1 Bund Petersilie
2 Nelken
Pfeffer
Salz
2 kg Kitzfleisch (vorzugsweise Keulen oder Schulter), am besten gleich vom Metzger in Stücke hacken lassen

Für den Ausbackteig:
150 g Mehl
200 ml Bier
1 Prise Kümmel
1 EL Öl
2 Eiweiß

Öl oder Pflanzenfett zum Ausbacken

WINZERFLEISCH
1 kg Hammelfleisch
125 g Dörrfleisch
500 g Schweinebauch
4 feingehackte Zwiebeln (noch besser schmecken die Frühlingszwiebelchen)
Salz
Pfeffer
200 ml Weißwein
200 ml Weinessig
1 EL Öl
Paprika

OSTERKITZLE (unten)
Aus 1½ bis 2 Litern Wasser, Wein, Zwiebel, Karotte, Lauch, Knoblauch, Zitrone, Petersilie, Nelken, Pfeffer und Salz kochen Sie einen Sud. Damit sich das Aroma voll entfalten kann, sollten Sie das Ganze mindestens ½ Stunde kochen lassen.
In diesen Sud legen Sie dann die Fleischstücke – sie sollten knapp bedeckt sein – und lassen sie ½ Stunde leise köcheln.
In der Zwischenzeit bereiten Sie den Backteig aus den angegebenen Zutaten, wobei Sie das Eiweiß zu Schnee schlagen und erst kurz vor dem Ausbacken unterziehen sollten. In diesen Teig tauchen Sie jetzt die abgetrockneten Fleischstücke und fritieren sie oder backen sie in Öl oder Fett aus.
Als Beilage empfehle ich Ihnen Kopfsalat, der mit Essig, Öl, Sahne und einer Prise Zucker angemacht wird. Haben Sie frischen Dill, gibt dieser Ihrem Salat noch besonderen Pfiff.

Ein beliebtes Rezept zur Osterzeit ist „Zickl“, also „Gääsböckl“, oder – ganz nach der Schrift – Osterkitz oder Ostergeißlein. Hier ist das Rezept!

WINZERFLEISCH (oben)
Schneiden Sie das Fleisch in 3 bis 4 cm große Würfel und legen Sie es in eine breite Schüssel.
Mischen Sie die Zwiebeln mit Salz und Pfeffer, bedecken damit die Fleischwürfel und gießen darüber den Wein und den Essig. So sollte das Fleisch ungefähr 3 Stunden ziehen.
Entfernen Sie dann die Zwiebelwürfelchen und stellen Sie sie beiseite. Die Fleischsorten stecken Sie abwechselnd auf Holzspieße. Geben Sie noch etwas Öl darüber und grillen Sie die Spieße dann über Holzkohle.
Vor dem Servieren geben Sie die marinierten Zwiebelwürfelchen über das Fleisch und streuen etwas Paprika darüber. Dazu paßt Weißbrot oder Kümmelbrot und ein Krautsalat.
Für die Marinade sollten Sie einen aromatischen Wein verwenden. Ich bevorzuge einen Muskatwein aus Freinsheim.

Während der Weinlese muß man ja auch etwas essen. Da es manchmal sehr kalt ist, macht man ein Feuer zum Wärmen. Ja, und darüber brät man dann das Winzerfleisch.

Falscher Rehbraten

1,5 kg ausgebeinte Hammelkeule

Für die Beize:
¼ Liter Essig
⅛ Liter Rotwein
2 Scheiben einer unbehandelten Zitrone
10 zerdrückte Wacholderbeeren
6 Nelkenpfefferkörner
1 Zwiebel

50 g Speckstreifen zum Spicken
Salz
Pfeffer
50 g Butterfett
1 Zwiebel, geviertelt
1 gelbe Rübe (Karotte), in Stücke geschnitten
125 g saurer Rahm

Mein Tip:
Beim Abschmecken der Soße kann ein Tropfen guter alter Armagnac nicht schaden.

Die vorbereitete Hammelkeule – sie sollte gut abgehangen und gehäutet sein – legen Sie in eine tiefe irdene Schüssel, die Sie zuvor mit einigen Tannenzweigen ausgelegt haben. Die Zutaten für die Beize kochen Sie gut durch, lassen die Beize auskühlen und gießen sie dann über das Fleisch. Dieses lassen Sie nun 4 bis 5 Tage in einem kühlen Raum stehen und wenden es täglich.
Vor der Zubereitung trocknen Sie das Fleisch gut ab und spicken es mit dem in Streifen geschnittenen Speck. Dann wird es gesalzen und gepfeffert und im erhitzten Butterfett ringsum gut angebraten. Zwiebel und gelbe Rübe dazugeben und alles im geschlossenen Bräter etwa 1½ Stunden schmoren. Vergessen Sie nicht, ab und zu etwas von Ihrer Beize zuzugießen. Nun nehmen Sie die Keule aus dem Bräter und stellen sie warm.
Den Bratenfond streichen Sie durch ein Haarsieb, rühren den sauren Rahm rasch darunter, schmecken nochmals pikant ab und gießen die erwärmte Soße über den aufgeschnittenen Braten.
Als Beilage reichen Sie dazu ganz einfach „Buwespitzlin" (siehe Rezept Seite 130).

Dieses Gericht entstand, so wird erzählt, in einer Skatrunde von Schäfern. Man spielte um einen Rehbraten zu dem es „Buwespitzlin" und Rotkraut geben sollte. Der Verlierer, der nun also zu den Kosten des Rehbratens für die Runde verdonnert war, wollte seine Skatbrüder aber doch etwas an der Nase rumführen. Er nahm anstelle der Rehkeule eine Lammkeule, marinierte sie wie einen Wildbraten und bereitete sie dann auch wie eine Rehkeule zu. Die Freunde waren begeistert von diesem „Rehbraten", am meisten aber die, die noch nie in ihrem Leben Lamm oder Hammel gegessen hatten und es – nach wiederholter Aussage – auch niemals tun würden ...

Pfälzer
ZEITUNG FÜR DIE SÜDPFALZ

Saures Gänseklein

Für den Sud:
1 gelbe Rübe (Karotte)
1 Zwiebel
1 Bund Petersilie
3 EL Essig
4 Pfefferkörner
1 Lorbeerblatt
2 Nelken
Salz

Hals, Flügel, Herz und Magen von 1 Gans
50 g Mehl
40 g Gänsefett
Salz
Pfeffer
Essig und Riesling nach Geschmack

Bereiten Sie aus den angegebenen Zutaten und 1½ Liter Wasser einen Sud und lassen ihn etwa 30 Minuten kochen. Teilen Sie den Hals in 3 Teile, Flügel, Herz und Magen in jeweils 2 Teile. Diese geben Sie in den Kochsud und kochen sie in 20 bis 30 Minuten weich.
In der Zwischenzeit bereiten Sie die Soße. Rösten Sie zunächst das Mehl ohne Fett hellbraun an, geben dann das Gänsefett dazu und bereiten daraus eine Mehlschwitze, die Sie bis zur gewünschten Konsistenz mit Kochbrühe auffüllen. Unter Rühren nochmals gut erhitzen, eventuell mit Salz und Pfeffer abschmecken, einen Schuß Riesling und eventuell noch etwas Essig dazu und schon haben Sie eine herrliche Soße, in die Sie nun das Gänseklein, also die gekochten Stücke, einlegen.
Ich liebe als Beilage „Kartoffelknepp", also Kartoffelknödel.

Martinsgans – ein Zauberwort, das jedes Jahr aufs Neue im November die Liebhaber dieses Bratens am Tisch vereint, insbesondere in St. Martin in der Pfalz. Was aber geschieht mit den „minderwertigen" Teilen wie Hals, Flügel, Herz und Magen? Ich mache daraus das saure Gänseklein, das mir mindestens so gut schmeckt wie der Gänsebraten.

1993
RIESLING
TROCKEN

BRAUMEISTER-BIERFLEISCH

Zutaten:
3 große Zwiebeln
Salz und Schweineschmalz
1 kg Schweinefleisch aus Schulter und Hals gemischt
2 EL Crème fraîche
¼ l Eichbaum Schwarzbier
2 TL ganzer Kümmel
grober schwarzer Pfeffer
2 Schreiben altes Schwarzbrot

Mein Tip:
Geben Sie ein kleines Stückchen Zitronenschale während des Kochens mit zum Fleisch.

Die Zwiebeln schälen, in Würfelchen schneiden und in heißem Schweineschmalz goldgelb angehen lassen. Dazu geben Sie dann das in mundgerechte Würfel (wie zu Gulasch) geschnittene Schweinefleisch und lassen es ca. ¼ Std. dünsten, bzw. schmoren. Mit dem Bier ablöschen. Mit der Crème fraîche legieren, Kümmel dazugeben, nochmals abschmecken und sofort heiß servieren.
Als Beilagen passen Speck- oder Weckknödel, Spätzle oder auch nur Salzkartoffeln.

Mannheim, die Bierstadt, wie schon mehrfach erwähnt, war schon immer das Bindeglied zwischen Odenwald und Pfalz. Die größte Brauerei der Region, die Eichbaum-Brauerei, ist zudem bekannt für ein vielfältiges Sortiment, vor allem auch für neue Ideen. Neben der Premium-Marke „Ureich-Pils“ ist die jüngste Kreation, das Schwarzbier, ein Volltreffer des Braumeisters. Anläßlich der „Taufe“ dieses Bieres habe ich den Premierentestern ein spezielles Gericht vorgesetzt, das noch aus dem Rezeptschatz eines alten Mannheimer Küchenchefs stammt und das ich auf dieses neue Bier „umgestellt“ habe.

Eichbaum
Eichbaum

Forellen auf die feine Art

WINZERFORELLEN
4 küchenfertige Forellen
Salz
Pfeffer
2 EL Mehl
1 EL Butterfett oder Distelöl

Für die Marinade:
2 Zwiebeln, halbiert und in Ringe geschnitten,
200 ml Wein
4 EL Weinessig (wer es saurer haben will, nimmt entsprechend mehr)
10 Pfefferkörner
2 Lorbeerblätter
1 TL Salz
1 TL Zucker

2 EL frische, gehackte Petersilie zum Bestreuen

ISENACHFORELLEN IN MANDELBUTTER
4 Forellen von je etwa 250 g
Salz
Pfeffer aus der Mühle
1 Eiweiß
150 g Mandelblättchen
1 EL Butterfett

Ein Tip noch:
Mandelforellen mögen keinen Zitronensaft.

WINZERFORELLEN (oben)
Die Forellen gut trockentupfen, innen und außen salzen und pfeffern und in Mehl wenden. Butterfett oder Distelöl erhitzen, die Forellen darin von beiden Seiten goldbraun braten und dann auskühlen lassen.
Die Zutaten für die Marinade werden mit ½ Liter Wasser aufgekocht. Dann zum Auskühlen beiseite stellen.
Geben Sie nun in eine passende flache Schüssel, Jenaglas-Form oder Tonform etwas von den Zwiebeln und der Marinade, legen darauf die gebratenen Forellen und übergießen alles mit der restlichen Marinade. So sollen die Forellen dann 2 Tage im Kühlschrank ziehen. Vor dem Servieren mit frischer Petersilie bestreuen.

Beliebt sind in der Pfalz auch diese sauren Forellen. Ein Gericht, das man am liebsten an warmen Sommerabenden ißt und zu dem Bratkartoffeln oder Petersilienkartöffelchen am besten schmecken. Die Winzerforellen unterscheiden sich von den Bratheringen dadurch, daß ihr Fleisch zarter ist und die süß-saure Marinade mit Wein zubereitet wird.

ISENACHFORELLEN IN MANDELBUTTER (unten)
Die Forellen werden gewaschen, innen und außen gesalzen, etwas gepfeffert, in leicht geschlagenem Eiweiß gewendet und in den Mandelblättchen gewälzt. Dabei die Mandeln gut andrücken.
Das Butterfett erhitzen und die Forellen im „Mandelmantel" beidseitig knusprig goldbraun braten. Sofort heiß servieren. Mit Butterkartöffelchen und Kopfsalat sind diese Forellen ein Gaumenkitzel!

Das wohl bekannteste Forellenwasser ist der Isenachweiher. Liebhaber behaupten, das Fleisch dieser Forellen sei besonders hell und gut. Ja, und kombiniert werden sie mit Blättchen von Gimmeldinger Mandeln. Die Mandeln geben übrigens der Butter, in der die Forellen gebraten werden, einen besonders guten Geschmack. Also gleich gekochte Kartöffelchen darin wenden und zu den Fischen reichen.

Rheinzander im Weisskrautmantel

Für die Mousse:
200 g Lachsforellenfilet
1 Eiweiß
Salz
Pfeffer
Muskat
200 ml süße Sahne

600 g Zanderfilet ohne Haut und Gräten
Saft von 1 Zitrone
Salz
6–8 große blanchierte Weißkrautblätter ohne Rippen
Butter für die Form
¼ Liter trockener Pfälzer Riesling

Für die Soße:
200 ml süße Sahne
250 ml Fischfond
125 g Butter
Salz
Pfeffer

Für die Mousse das Lachsforellenfilet in Würfel schneiden, mit dem Eiweiß mischen, mit Salz, Pfeffer und Muskat würzen und im Kühlschrank 2 Stunden gut durchkühlen lassen. In der Moulinette oder im Mixer ganz fein verarbeiten, dabei nach und nach die gut gekühlte Sahne hinzugießen und die Mousse eventuell nochmals abschmecken.
Nun schneiden Sie das Zanderfilet in Stücke von etwa 8 x 4 cm. Die Zanderstücke werden mit Zitronensaft eingerieben, leicht gesalzen, etwa 2 cm dick mit der Lachsforellenmousse bestrichen, in die vorbereiteten Weißkrautblätter eingeschlagen und eventuell noch mit Küchengarn zugebunden. Diese Krautrollen legen Sie nun nebeneinander in eine gut gebutterte feuerfeste Form und übergießen sie mit dem Riesling. Zugedeckt kommt die Form nun für etwa ½ Stunde in den auf 200 °C vorgeheizten Backofen. Nehmen Sie die Krautrollen heraus und stellen Sie sie warm.
Für die Soße gießen Sie den entstandenen Fond in einen Topf, geben die Sahne und den Fischfond dazu, lassen alles zur Hälfte einkochen und mixen mit dem Pürierstab die kalte Butter hinein. Nach Geschmack mit etwas Salz und Pfeffer würzen.
Richten Sie nun die Krautrollen auf einem Sockel Weinsauerkraut an, das Sie ganz nach Ihrem Hausrezept (oder nach meinem Rezept auf der Seite 116) zubereitet haben, und übergießen Sie diese mit der Soße.
Als Beilage empfiehlt Bernd Schneider Salzkartöffelchen. Dazu selbstverständlich ein Riesling von der Mittelhaardt.

Vor einiger Zeit erfreute mich mein Freund Bernd Schneider, ein begeisterter Hobbykoch, mehr noch aber Berufspfälzer, und das, wie man hier sagt, „mit Kutt'l un Lappe", mit einer neuen Kreation. Für ihn ist die Pfalz der Himmel auf Erden und so verwendet – und veredelt! – er am liebsten Produkte von hier. Und nachdem man ja die Fische aus dem Rhein wieder mit Appetit genießen kann, servierte er mir dieses herrliche Gericht.

Ungeheuer Kabinett
RHEINPFALZ

Gemüse- und Kartoffelgerichte

Gefüllter Spinatkuchen

500 g gebratenes Schweinefleisch
2 altbackene Brötchen
1 EL feingeschnittene Zwiebeln
1 TL gehackte Petersilie
60 g Butterfett
Salz
Muskat
7 Eier
500–700 g große Spinatblätter
Butter für die Form

Mein Tip:
Bereiten Sie Ihre weiße Soße wie gewohnt zu, schmecken Sie sie aber mit einem kräftigen Schuß Weißwein, am besten Riesling, gut ab.

Das Schweinefleisch wird fein gehackt, die Brötchen in Wasser eingeweicht, dann ausgedrückt und mit Zwiebel und Petersilie im Butterfett angedünstet. Dann gibt man das Fleisch, eine Prise Salz und etwas Muskatnuß dazu und rührt 5 Eier mit hinein. Die restlichen beiden Eier werden hart gekocht.
Die Spinatblätter gibt man kurz in siedendes Wasser, nimmt sie wieder heraus und läßt sie in einem Sieb etwas abtropfen. Nun fettet man eine Tarte- oder Auflaufform gut mit Butter ein, legt sie dick mit Spinatblättern aus, füllt von der Fleischmasse hinein, bedeckt sie wieder dick mit Blättern und fährt so fort, bis die Form gefüllt ist. Die letzte Schicht sollen mindestens drei Lagen Spinat sein, damit vor dem Servieren die im Ofen braun gewordenen Blätter entfernt werden können. Der Kuchen wird im vorgeheizten Backofen bei mittlerer Hitze eine gute halbe Stunde gebacken und dann auf eine Platte gestürzt. Die gekochten Eier schält man nun und hackt sie fein, bestreut den Kuchen damit und reicht dazu eine weiße Buttersoße.

Spinat – ein Gemüse, an das viele Kinder mit Schrecken denken. Sicherlich wäre es auch mir so ergangen, hätte ich immer nur diese „dicke, grüne Soße“ vorgesetzt bekommen. Zum Glück hatte ich da meine Tante Luise, die wußte, daß Spinat gesund ist, die aber auch wußte, wie man ihn serviert. Ihr Glanzstück war dieser gefüllte Spinatkuchen.

Rhein
Deidesheim
pfalz
1996er
Riesling halbtrocken

Spinatauflauf

Ein sehr vitaminreiches, preiswertes und originelles Gericht ist der Spinatauflauf, wie ihn meine Mutter immer gemacht hat. Schmeckt herrlich – besonders im Frühjahr!

200 g geputzter Spinat
Salz
50 g Butter
30 g Mehl
⅛ Liter süße Sahne
Muskat
4 Eier

Butter für die Form

Mein Tip:
Ich habe auch schon mal gegen Ende der Garzeit noch etwas geriebenen Emmentaler über das Gericht gestreut.

Waschen Sie den Spinat, kochen Sie ihn in Salzwasser etwa 5 Minuten, drücken Sie ihn dann gut aus und hacken ihn mittelfein. Nun bereiten Sie aus der Butter und dem Mehl eine helle Mehlschwitze, gießen diese mit der Sahne auf und schmecken sie mit Salz und Muskat ab. Die Eier schlagen Sie auf, trennen Eigelb und Eiweiß und schlagen die Eiweiße zu einem steifen Schnee. Nachdem die Soße ungefähr ½ Stunde geköchelt hat, mischen Sie den Spinat, die Eigelbe und – ganz vorsichtig – auch den Eischnee darunter. Diese Masse füllen Sie in eine gut ausgebutterte Auflaufform und schieben diese dann für 20 bis 25 Minuten in den auf 200 °C vorgeheizten Ofen.

Krautauflauf

Für das Sauerkraut:
50 g Schweinefett
1 Zwiebel, feingeschnitten
750 g junges, frisches Sauerkraut
1 Boskop-Apfel, geschält, entkernt und zerteilt
1 TL Zucker
Salz
Pfeffer
Wacholderbeeren
nach Belieben etwas Weißwein

2 altbackene Brötchen
50 g Schweinefett
1 Zwiebel, gewürfelt
1 Bund Petersilie, gehackt
250 g Schweinehack
125 g durchgedrehtes Dörrfleisch
1 Ei
Salz
Pfeffer
Muskat

Mein Tip:
Ich bestreue den Auflauf vor dem Überbacken noch mit Speckwürfelchen. Das ist zwar nicht gut für die Linie, aber es schmeckt.

Kochen Sie zunächst Ihr Sauerkraut. Dazu erhitzen Sie das Schweinefett, dünsten die Zwiebel darin an, fügen das Sauerkraut, den Apfel, den Zucker, die Gewürze, eventuell etwas heißes Wasser und nach Belieben Weißwein hinzu und lassen alles etwa 30 Minuten dünsten.
Weichen Sie dann die Brötchen in etwas Wasser ein. Erhitzen Sie die Hälfte des Schweinefetts und dünsten darin die Zwiebel, die Petersilie und die ausgedrückten Brötchen an, mischen Sie dann das Schweinehack, das Dörrfleisch, das Ei und die Gewürze darunter.
Nun streichen Sie eine feuerfeste Form aus Steingut oder Jena-Glas mit dem restlichen Fett gut aus und füllen lagenweise abwechselnd Kraut und Fleischteig in die Form ein. Die oberste Schicht sollte Kraut sein. Decken Sie die Form mit einer Folie ab, stellen Sie den Auflauf auf die Mittelschiene des auf 180 °C vorgeheizten Backofens und lassen Sie ihn etwa 40 Minuten backen. Dann entfernen Sie die Alufolie, gießen noch etwas Kochbrühe vom Kraut über den Auflauf und lassen ihn nochmals 10 bis 15 Minuten – jetzt aber nicht mehr zugedeckt – im Ofen.
Servieren Sie ihn sofort mit einem sahnigen Kartoffelbrei oder geschmälzten Salzkartoffeln.

Frisches Sauerkraut ist eine Delikatesse und läßt sich vielseitig zubereiten. Ein beliebtes Essen in der Pfalz ist dieser Krautauflauf.

Gefüllte Zwiebeln

8 große Gemüsezwiebeln
500 ml Fleisch- oder Knochenbrühe
Muskat
250 g Schweinebauch
1 Ei
2 EL Weckmehl
2 EL gehackte Petersilie
Salz
Pfeffer
Kümmel
300 ml Bier, am besten Malzbier
125 g Schinkenspeck, in Scheiben geschnitten

Mein Tip:
Mischen Sie unter die Fülle noch etwas Majoran.

Die geschälten, ganzen Zwiebeln müssen Sie in der Fleischbrühe ungefähr 10 Minuten sachte kochen. Dann nehmen Sie sie mit einem Schaumlöffel heraus und lassen sie etwas abtropfen. Mit einem scharfen Messer schneiden Sie oben vorsichtig einen Deckel ab, höhlen die Zwiebeln bis auf zwei Schichten aus und würzen sie innen jeweils mit einer Prise Muskat.
Das Zwiebelfleisch drehen Sie zusammen mit dem Schweinebauch durch die feine Scheibe des Fleischwolfs und vermischen diese Masse dann mit Ei, Weckmehl, der Petersilie, Salz, Pfeffer und Kümmel. Dann geben Sie die Masse in die ausgehöhlten Zwiebeln, setzen sie in eine feuerfeste Form und übergießen sie mit etwas Fleischbrühe. Decken Sie die Form zu und lassen Sie das Gericht bei 200 °C im vorgeheizten Backofen 20 Minuten dünsten. Nun gießen Sie das Bier über die Zwiebeln und lassen sie weitere 10 bis 15 Minuten garen. Während dieser Zeit braten Sie die Schinkenspeckscheiben knusprig und servieren diese zusammen mit einem Kartoffelbrei zu den Zwiebeln.

Pfälzer Zwiebeln sind wie andere Pfälzer Gemüse, Kartoffeln und Wein ein Wertbegriff. Deshalb finden sie auch in vielen Gerichten Verwendung. Die großen, süß-würzigen Gemüsezwiebeln kommen ursprünglich aus Spanien, werden aber inzwischen wie viele andere im Süden beheimateten Gemüse auch bei uns mit Erfolg kultiviert.

PARK

Lauch mit Remoulade
Gebackener Sellerie

LAUCH MIT REMOULADE
Salz
80 g Butter
20 nicht zu dicke Stangen Lauch

Für die Remoulade:
100 g Mayonnaise
200 g saure Sahne
½ EL Senf
2 Gewürzgurken, klein gewürfelt
1 EL geschnittener Schnittlauch
1 EL Öl
2 EL vom Kochwasser des Lauchs
Pfeffer
Salz

Mein Tip:
Wenn Sie dieses Gericht nicht fleischlos essen wollen, empfehle ich Ihnen gekochtes Ochsenfleisch. Man kann es warm oder auch kalt dazu reichen.

GEBACKENER SELLERIE
1 EL Weinessig
Salz
4 mittelgroße Sellerieknollen
4 EL Mehl
2 Eier
6 EL Weckmehl
Butterfett zum Ausbacken

LAUCH MIT REMOULADE (unten)

Bringen Sie etwa 3 Liter Wasser mit Salz und der Butter zum Kochen. Schneiden Sie von jeder Lauchstange die Wurzeln und das Grüne ab, waschen sie gut zwischen den Blattschichten und zerteilen sie dann in gleich große Stücke von etwa 10 cm. Die geben Sie dann in das kochende Salzwasser und lassen sie 15 bis 20 Minuten köcheln.
Während dieser Zeit bereiten Sie Ihre Remouladensauce aus den aufgeführten Zutaten. Ist sie zu dickflüssig, können Sie noch etwas Kochwasser zugeben. Die Lauchstücke lassen Sie zunächst auf einem Sieb abtropfen und verteilen sie dann auf vier Teller. Übergießen Sie den Lauch dann mit der Soße und bringen Sie ihn noch warm mit Salzkartoffeln zu Tisch.

Wer ißt nicht gerne ein sahniges Lauchgemüse oder auch Lauch mit Speck umwickelt als sogenannte Lauchrouladen? Ich empfehle Ihnen aber, einmal diese Variante zu probieren.

GEBACKENER SELLERIE (oben)

Bringen Sie gut 2 Liter Wasser mit dem Essig und Salz zum Kochen. Die Sellerieknollen werden gewaschen, geschält und in etwa 1½ cm dicke Scheiben geschnitten. Diese legen Sie in das kochende Salz-Essigwasser und kochen sie 30 bis 40 Minuten. Nehmen Sie dann die Selleriescheiben heraus, lassen Sie sie etwas abkühlen, bestreuen sie dann mit Salz und wenden sie der Reihe nach zunächst in Mehl, dann in den verquirlten Eiern und zuletzt in Weckmehl. So vorbereitet, backen Sie Ihre „Sellerieschnitzel" in Butterfett (damit sollten Sie hier nicht sparen) knusprig goldbraun aus.
Dazu gab es bei uns immer Kartoffelsalat, manchmal auch Feldsalat, und Kartoffelpüree.

Ein echtes „Spargericht", das mir heute noch schmeckt, war und ist der gebackene Sellerie. Schütten Sie die Selleriebrühe nicht weg, sondern kochen Sie daraus eine gute Cremesuppe, indem Sie die Brühe mit Eigelb und Sahne legieren. Obenauf kommen einige knusprige Weißbrotcroûtons.

Gefüllte Tomaten
Süssaure grüne Tomaten

GEFÜLLTE TOMATEN
10 schöne große Tomaten
Salz
Butter für die Form

2 EL gehackte Zwiebeln
2 EL gehackte Petersilie
1 zerdrückte Knoblauchzehe
50 g Butter
250 g durchgedrehte Bratenreste
1/8 Liter Fleischbrühe
1 EL Bratensaft
2 EL Wein
Paprika
2 EL geriebener Käse

Mein Tip:
Wenn Sie die ganze Sache noch etwas würziger und pikanter haben wollen, bestreuen Sie die Tomaten mit zerbröckeltem Schafskäse und vermischen den gekochten Reis mit viel frischem Dill.

SÜSSAURE GRÜNE TOMATEN
1/3 Liter guter Weinessig
500 g Zucker
1 Lorbeerblatt
5 Pimentkörner
1 kg grüne, nicht zu große Tomaten
1 Zimtstange

GEFÜLLTE TOMATEN (unten)
Schneiden Sie von den Tomaten kleine Deckelchen ab und höhlen Sie diese vorsichtig aus. Innen leicht mit Salz bestreut, werden die Tomaten in eine gut ausgebutterte Form gesetzt, am besten aus Jena-Glas.
Nun dünsten Sie die Zwiebel zusammen mit der Petersilie und dem Knoblauch in gut der Hälfte der Butter goldgelb, mischen das Fleisch darunter, geben die Fleischbrühe, den Bratensaft und den Wein dazu und schmecken mit Salz und Paprika ab.
Diese Masse füllen Sie in Ihre Tomaten, bestreuen sie mit dem geriebenen Käse und setzen auf jede Tomate noch ein Butterflöckchen.
Schieben Sie die Form in den auf 180 °C vorgeheizten Backofen und lassen Sie die Tomaten ungefähr 20 bis 25 Minuten schmoren. Servieren Sie die gefüllten Tomaten mit gekochtem Reis.

SÜSSAURE GRÜNE TOMATEN (oben)
Den Weinessig füllen Sie auf einen 1/2 Liter mit Wasser auf und kochen das Essigwasser mit dem Zucker, Lorbeerblatt und Pimentkörnern bis die Flüssigkeit klar ist. In diesem Sud kochen Sie nun die Tomaten vorsichtig weich. Nachdem die Tomaten in der Brühe erkaltet sind, sollen sie weitere 24 Stunden darin bleiben. Danach gießen Sie die Flüssigkeit ab, kochen sie nochmals mit dem Zimt auf und gießen sie heiß wieder über Ihre Tomaten. Nachdem sie erkaltet sind, füllen Sie die Tomaten mit der Brühe in ein Glas oder einen Steinguttopf, binden ihn zu und stellen ihn an einen kühlen Ort (am besten in den Keller).
Nach weiteren 14 Tagen sollte man die Flüssigkeit nochmals abgießen, erneut aufkochen und heiß über die Tomaten gießen. Nach dem Erkalten wieder gut zubinden.
Im Winter haben Sie dann eine herrliche Beilage zu kaltem Braten.

Maxdorfer Wirsingtopf

500 g Rindfleisch vom Bug
500 g Kartoffeln
500 g Wirsing
1 mittelgroße Sellerieknolle
30 g Schweinefett
2 Zwiebeln, gewürfelt
1 großer Bund Petersilie, gehackt
2 große Markknochen
Salz
schwarzer Pfeffer aus der Mühle
½ Liter Knochen- oder Fleischbrühe

Mein Tip:
Ich esse dazu am liebsten Speckfladen.

Schneiden Sie zunächst das Fleisch in Würfel. Die Kartoffeln schälen Sie und schneiden Sie in Scheiben. Der Wirsing wird in Streifen geschnitten, die Sellerieknolle geschält und gewürfelt. Im Schweinefett dünsten Sie nun die Selleriewürfel, die Zwiebeln und die Petersilie etwas an.
Während dieser Zeit schneiden Sie das Mark der beiden Knochen in Scheibchen und belegen mit der Hälfte der Markscheiben den Boden eines Eisenbräters. Darüber geben Sie dann lagenweise Kartoffeln, Fleisch, das sie jeweils mit Salz und Pfeffer würzen, Wirsing, Sellerie, Petersilie und Zwiebeln. Die letzte Schicht sollten wieder Kartoffeln sein. Darauf kommen dann die restlichen Markscheibchen und übergossen wird alles mit der Knochen- oder Fleischbrühe.
Nun decken Sie Ihren Bräter gut zu, schieben ihn auf die Mittelschiene des auf 170 °C vorgeheizten Backofens und lassen den Auflauf ungefähr 1½ bis 2 Stunden garen. Beim Öffnen der Backofentür verbreitet er einen Duft, dem sicher auch Sie nicht widerstehen können.

Der gute alte Eintopf, oft zu Unrecht als das Armeleuteessen verrufen, ist wieder sehr beliebt. Aber man sagt ja auch: „Das Gute setzt sich immer durch!“ So esse ich auch heute immer wieder gerne meinen Maxdorfer Wirsingtopf. Aber so, wie ich das Gericht von einer alten Bäuerin dort einmal serviert bekam.

Dann echte Pälzer Pannekuche,
Die muß mer umesunscht hie suche;
Ach! Un wie groß wär erscht mei Freed,
Wann's hie als Knackwerscht gewe dät
Un Lewerknepp[1] wie in de Palz,
Scheen knuschperig geback mit Schmalz!
O je, was han in Frankreich
Die Weibsleit for e
Nix als wie
Drum macht

Krautwickel

1 großer oder 2 kleine Weißkrautköpfe
Salz

Für die Füllung:
2 Brötchen
1 große Zwiebel, in Würfelchen geschnitten
1 Bund Petersilie, gehackt
50 g Butter
250 g Schweinehack
1 Ei
500 g frische Pilze (ersatzweise 500 g Bratwurstbrät)
Salz
Pfeffer
eventuell etwas abgeriebene Schale einer unbehandelten Zitrone
40 g Schweinefett
200 ml Fleischbrühe

Mein Tip:
Ich esse am liebsten Püree, also Kartoffelbrei, dazu. Darüber streue ich in Butter geröstete Weißbrotwürfel.

Die abgelösten großen Krautblätter werden in sprudelndem Salzwasser 3 bis 5 Minuten gekocht und dann zum Auskühlen einzeln auf ein Tuch gelegt. Die kleinen Blätter kochen Sie ganz weich und hacken sie grob mit dem Messer.
Die Brötchen weichen Sie in etwas Wasser ein, Zwiebel und Petersilie werden in der Hälfte der Butter goldgelb angedünstet. Das Hackfleisch wird mit dem Ei, den ausgedrückten Brötchen, Zwiebel und Petersilie gut vermengt. Haben Sie Pilze, werden diese grob gehackt, in der restlichen Butter etwa 10 Minuten gedünstet und ebenfalls dazugegeben. Schmecken Sie nun Ihre Füllmasse mit Salz, Pfeffer und Zitronenschale gut ab, mischen noch das Kraut unter die Masse und geben davon auf jedes Blatt einen gehäuften Eßlöffel voll. Dann wickeln Sie die Blätter auf und legen sie in einen reichlich mit Schweinefett ausgestrichenen Bräter. Verteilen Sie einige Schweinefettflöckchen darüber, übergießen das Ganze mit der Fleischbrühe und lassen Ihre Wickel bei etwa 180 °C eine gute halbe Stunde im Backofen schmoren. Sie sollten jedenfalls schön braun sein.

Neues Kraut, noch zart und leicht grünlich, ist heute ein Genuß für mich. Oft erinnere ich mich aber an die Zeit meiner Jugend zurück, als ich die Krautwickel im Spätsommer und Frühherbst mindestens einmal pro Woche essen „mußte". Heute bin ich manchmal einfach zu faul, um sie selbst zu machen, und so freue ich mich immer, wenn ich mich irgendwo bei Freunden zu Krautwickeln selbst einladen kann. Sie sind fürwahr eine Delikatesse, besonders halt mit jungem Kraut.

Mannemer Buwespitzlin

1,5 kg Kartoffeln, gekocht und geschält
100 g Mehl
2 Eier
Salz
Muskat

Die Kartoffeln so heiß wie möglich durch die Presse drücken. Dazu kommen Mehl, Eier, Salz und Muskat. Diesen Teig arbeiten Sie gut durch und formen daraus fingerlange Würstchen. Die lassen Sie in kochendem Salzwasser etwa 3 Minuten kochen.

– Als Beilage zu Braten werden die jetzt „geschmälzt", also in geröstetem Weckmehl gewälzt und nochmals mit Butter übergossen.

– Man kann sie aber auch, sobald sie abgekühlt sind, in Schweinefett rundum goldbraun braten und so zu einem Salat als Abendessen reichen.

– Will man die Schupfnudeln als Dessert servieren, vielleicht nach einer Kartoffelsuppe oder einem Gemüseeintopf, so bestreut man sie nach dem Kochen dick mit gemahlenem Mohn, geriebenen Haselnüssen, Zucker und etwas Zimt und begießt sie mit zerlassener Butter. Bei der Oma „sin se drin geschwumme", in der Butter…

– Oder Sie legen die gekochten „Buwespitzlin" in eine feuerfeste Form und übergießen sie mit einer Soße aus zerdrücktem Schafskäse, Joghurt, gehackter Petersilie, Eigelb und einem Hauch Knoblauch und schieben sie kurz in den Backofen – oder unter den Grill – zum Überbacken. So schmecken sie mir zu einem gemischten Salat oder einem Endiviensalat.

Eine beliebte Beilage zu Schweine- oder Sauerbraten, aber auch zu Sauerkraut, sind die „Mannemer Buwespitzlin", also Kartoffelnudeln beziehungsweise Schupfnudeln oder – so nennt man sie in Österreich – Kartoffelfinger.

Backeskartoffel

1,5 kg Kartoffeln
2 Stangen Lauch, in Ringe geschnitten
2 große Zwiebeln, in Ringe geschnitten
200 g Dörrfleisch, halb gewürfelt, halb in Scheiben geschnitten
Salz
Pfeffer
Paprika
2 Lorbeerblätter
200 g saure Sahne
1 TL Mehl
4 dicke Scheiben gepökelte Schweinsknöchel
1 Liter trockener Pfälzer Weißwein

Die rohen Kartoffeln schälen und in nicht zu dünne Scheiben schneiden. Die Hälfte legen Sie in eine feuerfeste große Schüssel (am besten eine irdene Terrine) und darüber ebenfalls die Hälfte der Lauchringe und der Zwiebeln sowie die Dörrfleischwürfel.
Salz, Pfeffer und Paprika darüberstreuen, 1 Lorbeerblatt darauflegen und mit der Hälfte der glattgerührten und mit dem Mehl vermischten sauren Sahne begießen. Darauf legen Sie nun die Schweinsknöchel. Darüber die restlichen Zutaten. Den Abschluß bilden die Dörrfleischscheiben. Nun gießen Sie den Wein darüber, verteilen darauf die restliche saure Sahne und lassen alles im Backofen bei 220 °C bis zu 4 Stunden schmoren.
Sie können die Terrine die ersten 2 Stunden mit einer Alufolie bedecken, dann bleibt das Gericht etwas saftiger. Vergessen sie aber nicht, ein kleines Loch hineinzustechen.
Meine Weinempfehlung: ein schöner Riesling von der Mittelhaardt.

Vielleicht ist die Nachbarschaft des Elsaß für die Entstehung dieses Gerichts verantwortlich. Was für die Hausfrauen dort der „Baeckeofe“ ist, sind in der Westpfalz die „Backeskartoffel“. Die alte Frau Feldmann, eine Tante eines Freundes, bereitete sie meistens samstags zu, an dem Tag nämlich, wo sie auf den Markt ging und zum Metzger, um den Sonntagsbraten einzukaufen, und vielleicht auch noch zum Friseur, um sich eine schöne Frisur für den Sonntag machen zu lassen. Also wenig Zeit für die Küche. Trotzdem, ein schmackhaftes Essen mußte auf den Tisch, und zwar eins, das allein vor sich hinköcheln kann, ohne daß man sich groß darum bemühen muß. Eben wie die urigen, deftigen „Backeskartoffel“.

Tante Johannas Kartoffelwürscht

50 g Schweinefett
500 g gepökelte, entbeinte Brustspitze
1 Zwiebel, feingehackt
500 g gekochte, durchgedrückte Kartoffeln
1 EL Majoran
schwarzer Pfeffer
Salz

vorbereitete Bratwurstdärme zum Füllen (sagen Sie Ihrem Metzger, von wieviel Masse Sie Würste machen wollen)

Mein Tip:
Ich esse dazu liebend gerne einen lauwarmen Krautsalat mit Kümmel und Speckwürfelchen. Besonders im Herbst!

Geben Sie die Hälfte des Schweinefetts in eine große Pfanne und lassen es heiß werden. Schneiden Sie das Fleisch in ganz kleine Würfelchen, braten es mit der Zwiebel im heißen Schweinefett gut an und dünsten es dann ungefähr 10 Minuten.
Danach geben Sie die Kartoffeln, die Gewürze und das Salz dazu und vermengen alles gut miteinander.
In der Zwischenzeit legen Sie die Därme in lauwarmes Wasser.
Dann füllen Sie mit Hilfe eines weiten Trichters Ihre Masse in die Därme und binden sie so ab, daß Würstchen in der von Ihnen gewünschten Größe entstehen.
Diese legen Sie nun einige Minuten in heißes Wasser – wie Bratwürste – trocknen sie gut ab und braten sie dann im restlichen Schweinefett ringsum knusprig braun.
Da sie ja die Kartoffeln, also die Beilage schon mit „verwurstet" haben, brauchen Sie dazu nur noch einen frischen Feldsalat servieren.
Dazu ein leichtes, nicht zu herbes Bier, vielleicht ein Eichbaum-Weizen.

Wie sparsam unsere Eltern und Großeltern früher waren, können Sie aus diesem Rezept ersehen. Dieses Gericht ist aber auch der beste Beweis dafür, daß trotz Sparsamkeit der Geschmack nicht zu kurz kam. Zugegeben, es macht etwas mehr Arbeit, als nur ein Kotelett „in die Pann zu haue", aber es lohnt sich. Ihr Metzgermeister wird Ihnen sicher einige vorbereitete Bratwurstdärme verkaufen, wenn Sie ihn um diese Gefälligkeit bitten. Also, auf geht's.

Export
Theodor
Export

Gefüllte Kartoffeln

12 ausgesucht schöne Kartoffeln

Für die Füllung:
250 g Braten- oder Kochfleischreste
60 g roher Schinken
1 Bund Petersilie
1 Zwiebel, feingehackt
20 g Schweinefett
1/8 Liter Bratensaft
Muskat
Pfeffer
Salz

Fett für die Pfanne
200 ml Fleischbrühe

Mein Tip:
Ich würze die Füllung manchmal noch mit einem Schuß Weißwein oder Madeira.

Die Kartoffeln werden gewaschen, geschält und mit dem Messer schön gleichmäßig in Form geschnitten. Dann schneidet man einen Deckel ab und höhlt die Kartoffeln vorsichtig aus. Bringen Sie die Kartoffeln in einem Topf mit Wasser bedeckt zum Kochen. Das Wasser gießen Sie gleich darauf ab und legen die angekochten Kartoffeln umgedreht auf ein Sieb zum Abtropfen.
Jetzt bereiten Sie die Füllung zu. Dazu schneiden Sie die Bratenreste, den Schinken und die Petersilie ganz fein, geben die Zwiebel dazu und vermengen alles gut miteinander. Dies alles dünsten Sie im heißen Schweinefett gut an, löschen nach einiger Zeit mit dem Bratensaft ab und schmecken pikant mit Muskat, Pfeffer und Salz ab.
Diese Masse füllen Sie nun in die Kartoffeln, geben die Deckel darauf und setzen die gefüllten Kartoffeln nun nebeneinander in eine gut gefettete Pfanne. Gießen Sie noch etwas Fleischbrühe dazu und garen so die Kartoffeln im auf 200 °C vorgeheizten Backofen zugedeckt etwa eine 3/4 Stunde.
Reichen Sie zu diesem Gericht einen Feldsalat oder auch ein Lauchgemüse.

Die „Pälzer Grumbere" sind weithin bekannt, genau wie der Pfälzer Wein und das Gemüse. Kartoffeln, manchmal als Dickmacher verrufen, obwohl sie gerade das Gegenteil bewirken können, werden in der Pfalz im Frühjahr und Oktober geerntet. Da die Frühjahrskartoffeln nicht zu groß sind, eignen sie sich am besten zu „weißem Käs", also Quark, mit Schnittlauch. Die Herbstkartoffeln esse ich gerne nach diesem Rezept von meiner Mutter.

Spargelkuchen für Königin Silvia

1 Paket (450 g) tiefgekühlter Blätterteig
500 g Spargel
(er darf auch von der „III. Sorte“ – also den nicht ganz gerade gewachsenen Stangen – sein)
Salz
100 g gekochter, gewürfelter Schinken
1 Bund frisches Basilikum
3 Eier
200 ml süße Sahne
1 EL Crème fraîche
frisch gemahlener Pfeffer
Muskat

Den Blätterteig auftauen, dann ausrollen und eine Tarte- oder Springform damit auslegen. Mehrmals „stupfen“, also mit der Gabel einstechen und dann im auf 200 °C vorgeheizten Backofen etwa 10 Minuten vorbacken.
Den Spargel schälen, in mundgerechte Stücke schneiden und in Salzwasser bißfest kochen. Abgießen, dann abtropfen und etwas auskühlen lassen.
Während dieser Zeit den Kuchenboden mit dem gewürfelten Schinken, den etwas zerzupften Basilikumblättchen und dann mit den Spargelstücken belegen. Eier, Sahne und Crème fraîche zu einer cremigen Soße verrühren, mit etwas Salz, Pfeffer und einer Prise Muskat würzen und über den Spargel verteilen. Den Kuchen im Backofen bei 200 °C 20 bis 25 Minuten backen, bis die Oberfläche schön goldbraun ist.
Den Spargelkuchen etwas ruhen lassen und dann noch warm servieren. Er schmeckt als Vorspeise oder auch als leichtes Abendessen mit einem grünen Salat. Dazu gehört natürlich auch ein königlicher Wein: ein weißer Burgunder aus Duddweil.

Es ist schon einige Zeit her, daß mich der Inhaber des historischen Hotels „Löwe“ in Schwetzingen fragte, ob ich nicht eine Idee für ein „neues“ Spargelrezept hätte. Hoher Besuch hatte sich nämlich zum Spargelessen angesagt: Ihre königliche Hoheit, Königin Silvia von Schweden, samt Familie und Eltern. Nach einigem Überlegen war eine Idee geboren, den Versuch startete ich sofort, und das Ergebnis war nach Meinung der ersten Testesser großartig. Auch Königin Silvia hat sich über „ihren“ Kuchen lobend geäußert, so daß ich Ihnen beruhigt diesen „Spargelkuchen à la Bert Schreiber“ empfehlen kann. Eins ist gewiß: Auf diese Art können Sie ganz einfach „königlich“ speisen. Na, wie wär's?

Süsses, Desserts und Kuchen

Tante Luis' Weckpudding

5 trockene Brötchen
¼ Liter heiße Milch
40 g Korinthen
4 Eier
75 g Zucker
70 g Butter
abgeriebene Schale von
¼ unbehandelten Zitrone
50 g geröstete Mandelblättchen
Butter für die Form

Mein Tip:
Vermischen Sie einmal Preiselbeerkompott mit Himbeer- und Johannisbeergelee, erhitzen dieses Gemisch und geben einen kräftigen Schuß roten Dornfelder dazu. Das schmeckt mir am besten zu diesem Pudding.

Die Brötchen werden abgerieben, in dünne Scheiben geschnitten und in der Milch eingeweicht. Nun legen Sie die Korinthen in etwas heißes Wasser und trennen die Eier.
Aus den Eigelben, Zucker, Butter und der Zitronenschale rühren Sie eine schaumige Masse, unter die Sie dann die ausgedrückten und zerzupften Brötchen und die Korinthen mischen. Aus den Eiweißen schlagen Sie einen steifen Eischnee, den Sie vorsichtig unter die Masse heben. Auch die Mandelblättchen mischen Sie noch darunter.
Eine Puddingform aus Metall oder auch eine feuerfeste irdene Form streichen Sie gut mit Butter aus und füllen dann Ihre Puddingmasse ein. Kochen Sie den Pudding im Wasserbad etwa 1½ Stunden. Denken Sie auch daran, das Wasser Ihres Wasserbades ab und zu wieder aufzufüllen.
Servieren Sie den vorsichtig aus der Form gestürzten Pudding noch warm mit einer Wein- oder Vanillesoße.

Gerne erinnere ich mich an die Vielfalt der Süßspeisen, wie sie meine Großtante Luise immer zubereitete. Dabei, und das ist gerade das Besondere, waren diese Desserts selten teuer, aber immer große Klasse im Geschmack. So auch Tante Luis' Weckpudding.

Kaffee

Kerscheplotzer Kerschenudle

KERSCHEPLOTZER
7 Eier
150 g Butter
180 g Zucker
180 g geröstete Schwarzbrotbrösel oder -würfelchen
60 ml Rotwein
4 EL Kirschwasser
1,25 kg möglichst schwarze Kirschen
150 g gestiftelte Mandeln
1 Msp. Zimt
etwas abgeriebene Schale einer unbehandelten Zitrone
Fett für die Form

KERSCHENUDLE
Für den Teig:
500 g Mehl
20 g Hefe
60 g Zucker
¼ Liter lauwarme Milch
80 g Butter
1 Prise Salz
1 Ei

Butterfett für die Form und zum Bestreichen
750 g Kirschen, entstielt
Puderzucker zum Bestreuen

Mein Tip:
Legen Sie die Kirschen doch vor dem Backen einige Zeit in Kirschwasser ein. Sie werden überrascht sein, wie gut das schmeckt!

KERSCHEPLOTZER (oben)
Sie trennen die Eier, rühren die Butter schaumig, geben den Zucker und die Eigelbe dazu und rühren alles etwa ½ Stunde gut durch. Nun wird das Schwarzbrot mit dem Wein und dem Kirschwasser angefeuchtet und das Eiweiß zu Schnee geschlagen. Die Kirschen befreien Sie von den Stielen, entsteint müssen sie nicht unbedingt sein. Dann kommen Mandeln, Zimt und Zitronenschale, das Schwarzbrot, die Kirschen und der Eischnee dazu. Nochmals gut durchrühren und in eine gut gefettete Tarteform füllen.
Unser „Plotzer" wird dann bei mittlerer Hitze 1 Stunde gebacken.

Zu einer Zeit, in der man von „nouvelle cuisine" oder „schlanker Küche" noch keine Ahnung hatte und in der es noch keine „Doseninvasion" gab, hat man einfach und gut gebacken. Da ist zum Beispiel der „Kerscheplotzer" (für Zugereiste: Kirschkuchen). Er heißt so, weil man die Kirschen in den Teig „noiplotze", also hineinfallen ließ. Heute würde man vielleicht versenkter Kirschkuchen sagen.

KERSCHENUDLE (unten)
Für den Teig sieben Sie das Mehl in eine Schüssel und drücken in die Mitte eine Mulde. Da hinein bröckeln Sie die Hefe. Den Zucker lösen Sie in der lauwarmen Milch auf, geben das Ganze zur Hefe und verrühren alles zu einem Vorteig, den Sie mit Mehl überstäuben und gehen lassen, bis er Blasen wirft. Dann geben Sie Butter, Salz und Ei dazu und verarbeiten alles zu einem glatten Teig. Lassen Sie ihn etwa 1 Stunde zugedeckt an einem warmen Ort gehen und kneten ihn dann nochmals durch. Danach wellen Sie ihn auf einem bemehlten Brett fingerdick aus und stechen mit Hilfe eines Weinglases kleine runde Plätzchen aus.
Eine gußeiserne Backform streichen Sie gut mit Butterfett aus. Auf jedes Plätzchen legen Sie nun 3 bis 4 Kirschen, packen diese mit dem Teig gut ein und setzen sie nebeneinander in die Backform. Streichen Sie sie rundum mit flüssigem Butterfett ein und lassen Sie Ihre „Nudeln" nochmals ½ Stunde gehen. Dann werden sie im auf 160 °C vorgeheizten Ofen eine ¾ bis 1 Stunde gebacken. Am besten schmecken die „Kerschenudle" lauwarm und dick mit Puderzucker bestreut.

Auszogene

500 g Mehl
15–20 g Hefe
60 g Zucker
¼ Liter lauwarme Milch
80 g Butter
Salz
1 Ei

Butterfett zum Ausbacken
Zucker und Zimt zum Wälzen

Mein Tip:
Trinken Sie dazu einen Kaffee, wobei Sie jeder Tasse einen Schluck Kirschlikör zufügen sollten. Das schmeckt herrlich!

Das Mehl sieben Sie in eine Schüssel und drücken in die Mitte eine Mulde. Da hinein bröckeln Sie die Hefe. Den Zucker lösen Sie in der lauwarmen Milch auf, geben das Ganze zur Hefe und verrühren alles zu einem Vorteig, den Sie mit Mehl überstäuben und gehen lassen, bis er Blasen wirft. Dann geben Sie Butter, Salz und Ei dazu und verarbeiten alles zu einem glatten Teig. Lassen Sie ihn etwa 1 Stunde zugedeckt an einem warmen Ort gehen und kneten ihn dann nochmals durch. Danach wellen Sie ihn auf einem bemehlten Brett fingerdick aus und schneiden mit dem Backrädchen daraus verschobene kleine Rechtecke, etwa 6 x 4 cm groß. Diese Küchlein lassen Sie nun nochmals ½ Stunde gehen. Vor dem Einlegen in das gut erhitzte Ausbackfett müssen Sie die Rechtecke in der Mitte gut ausziehen – daher der Name „Auszogene“ – und sie dann schwimmend goldgelb backen. Noch heiß werden die Gebäckstücke in Zucker und Zimt gewälzt und möglichst lauwarm gegessen. Sie erhalten aus der angegebenen Menge ungefähr 20 Stück.

Auszogene war das Zauberwort, das uns Kindern in der Fastnachtszeit das Wasser im Munde zusammenlaufen ließ. Ich möchte Ihnen deshalb dieses Rezept empfehlen, denn ich bin überzeugt, auch Sie werden begeistert sein.

Weckbraten

6 altbackene Brötchen, in dünne Scheiben geschnitten
150 ml lauwarme Milch
80 g Butter
4 Eier
120 g Zucker
4 EL Kirschwasser oder Apfelschnaps
½ TL Zimt
Salz
60 g Rosinen
750 g feste Äpfel, geschält, entkernt und in feine Blättchen geschnitten

Fett für die Form
Zucker zum Bestreuen

Übergießen Sie die Brötchenscheiben mit der etwas angewärmten Milch und lassen sie sich vollsaugen. In der Zwischenzeit rühren Sie die Butter schaumig, geben die Eier, Zucker, das Kirschwasser und Zimt sowie eine Prise Salz dazu und rühren nochmals kräftig durch, bis sich der Zucker vollständig aufgelöst hat. Diese Masse gießen Sie nun über die Brötchen, geben die Rosinen und die Äpfel dazu und vermischen alles zu einem Teig, den Sie in eine gut gefettete Auflaufform gießen. Am besten eignet sich hierfür eine irdene Form oder eine Schüssel aus Jena-Glas. Nun backen Sie Ihren Weckbraten etwa 1 Stunde bei mittlerer Hitze im bereits vorgeheizten Backofen.
Beim Servieren bestreuen Sie die einzelnen Portionen nochmals mit etwas Zucker.

Wenn die frischen, knackigen Äpfel auf dem Markt sind, erinnere ich mich gerne an ein „Freitagsessen", auf das ich mich immer wieder aufs Neue sehr gefreut habe. Wie Sie ganz richtig vermuten, handelt es sich um ein fleischloses Gericht, das Sie sowohl als Hauptgericht – vielleicht nach einer Gemüse- oder Kartoffelsuppe – oder auch als Dessert auf den Tisch bringen können. Ich habe es schon sehr oft Freunden und Bekannten serviert, und alle waren davon begeistert.

Rhabarbertöpfchen
Pfälzer Nusspudding

RHABARBERTÖPFCHEN
500 g Rhabarber
125 g Zucker
2 Päckchen Vanillezucker
1 EL milder Weißwein, am besten ein Gewürztraminer
Butter für die Förmchen
3 Eier
150 ml süße Sahne

PFÄLZER NUSSPUDDING
6 Eier
125 g Butter
Saft und Schale von 1 gewaschenen und abgebürsteten Orange
4 EL Zucker
250 g gemischte geriebene Nüsse (Wal- und Haselnüsse)
1 kräftiger Schuß Rum
100 g Weißbrotwürfel ohne Rinde
Butter für die Form

RHABARBERTÖPFCHEN (unten)
Bereiten Sie aus Rhabarber, Zucker, 1 Päckchen Vanillezucker und dem Wein ein Kompott, ganz so, wie Sie es immer machen. Gießen Sie den Saft ab – man kann ihn ja trinken – und verteilen Sie die abgetropften Rhabarberstücke gleichmäßig auf kleine, ausgebutterte Backförmchen (man kann auch Kaffeetassen nehmen).
Dann rühren Sie die Eier und die Sahne zusammen mit dem zweiten Päckchen Vanillezucker gut mit einem Schneebesen durch. Gießen Sie die Eiersahne dann in die vorbereiteten Förmchen, stellen sie in ein heißes Wasserbad und lassen es sachte kochen, achten aber darauf, daß kein Wasser in die Förmchen kommt.
Ist der Guß gestockt, stürzen Sie Ihren Rhabarbernachtisch auf einen Dessertteller und reichen dazu etwas verflüssigte Aprikosenmarmelade oder Erdbeermarksoße.

Ein beliebtes Rezept in meiner Jugendzeit war das Rhabarbertöpfchen von meiner Oma. Es ist so simpel und einfach, überrascht aber mit einem tollen Geschmack.

PFÄLZER NUSSPUDDING (oben)
Trennen Sie zunächst die Eier und schlagen die Eiweiße zu Schnee. Rühren Sie die Butter schaumig und mischen darunter den Saft und die Schale der Orange, den Zucker, die geriebenen Nüsse, die Eigelbe und die mit dem Rum getränkten Weißbrotwürfel. Haben Sie alles gleichmäßig vermengt, heben Sie den Eischnee darunter und füllen diese Masse in eine gebutterte Pudding- oder Gugelhupfform.
Nun wird die Form entweder mit einem Deckel oder mit Alufolie verschlossen und dann im siedenden Wasserbad eine gute Stunde gekocht.
Stürzen Sie den Pudding warm auf eine Platte, schneiden ihn in Portionsstücke und servieren Sie ihn mit einer Preiselbeersoße aus Preiselbeerkompott, etwas Zucker und Rotwein. Mir hat verflüssigte Aprikosenmarmelade, verfeinert mit einem Schuß Aprikosengeist, neulich fast noch besser dazu geschmeckt.

Keschtepudding

250 g Eßkastanien
¼ Vanillestange
⅛ Liter Milch
50 g Rosinen
4 Eier
75 g Butter
75 g Zucker
40 g geriebener Zwieback
35 g Kartoffelmehl
Fett für die Form

Mein Tip:
Ich habe einmal Sahne und gedünstete Trauben dazu serviert. War prima!

Man schält die Kastanien mit dem Messer und gibt sie – zum Lösen der zweiten Schale – kurz in kochendes Wasser. Alsdann geben Sie die Kastanien zusammen mit der längs halbierten Vanillestange in ein kleines Töpfchen und kochen sie in der Milch langsam weich. Dies dauert ungefähr 25 bis 30 Minuten.
Während dieser Zeit überbrühen Sie die Rosinen mit etwas heißem Wasser und trennen die Eier. Die Eiweiße schlagen Sie zu Schnee. Dann rühren Sie die Butter schaumig, geben den Zucker und die Eigelbe dazu und rühren nochmals ungefähr 20 Minuten weiter.
Die Kastanien drücken Sie durch die Presse und geben Sie mit der Milch und dem ausgekratzten Vanillemark, den Rosinen, dem größten Teil des Zwiebackmehls, dem Kartoffelmehl und dem steifen Eischnee dazu, mengen die Masse vorsichtig durch und füllen sie in eine gefettete, mit dem restlichen Zwiebackmehl ausgestreute Puddingform. In dieser Form kochen Sie den Pudding im Wasserbad etwa 1½ Stunden, wobei Sie nicht vergessen sollten, das verdampfte Wasser durch frisches heißes Wasser zu ersetzen.
Stürzen Sie dann den Pudding vorsichtig auf eine Platte, teilen ihn in Portionsstücke und servieren ihn mit einer Vanille- oder Weinsoße.

Die „Keschte", also Kastanien, gibt es in der Pfalz zuhauf. Berühmt ist vor allem der Kastanienwald rund um das Schloß Ludwigshöhe bei Edenkoben. Das Rezept für den „Keschtepudding" ist sehr alt – und allemal einen Versuch wert. Für die Weinsoße müssen Sie übrigens nur etwa einen halben Liter Weißwein, einen Viertelliter Wasser und 75 Gramm Zucker zum Kochen bringen. Dann rühren Sie einen Eßlöffel Speisestärke mit etwas Wein an und geben sie dazu. Den Topf vom Feuer nehmen und zwei Eigelbe hineinschlagen. Zuletzt wird das zu Schnee geschlagene Eiweiß untergezogen. Für eine Vanillesoße ersetzt man einfach Wasser und Wein durch die entsprechende Menge Milch, in der man zuvor eine halbierte Vanilleschote gekocht hat.

Kartäuserklösse Holunderküchlein

KARTÄUSERKLÖSSE
8 trockene Milchbrötchen
¾ Liter Milch
3 Eier
50 g Zucker
Weckmehl und gemahlene Nüsse zum Panieren
Butterfett zum Ausbacken
Zucker und Zimt zum Wälzen

HOLUNDERKÜCHLEIN
10–12 frisch aufgeblühte Holunderblütendolden
5 Eier
¾ Liter Milch
500 g Mehl
1 Prise Salz
Pflanzenfett oder -öl zum Ausbacken

Übrigens:
Sie können die eingetauchten Blütenstauden auch in der Pfanne ausbacken. Sie werden dann etwas flacher und wirken wie kleine Pfannkuchen, die ich auch schon einmal mit verflüssigtem Honig überzogen habe.

KARTÄUSERKLÖSSE (oben)
Reiben Sie zunächst die Kruste der Brötchen mit der Reibe rundum ab, teilen Sie in jeweils 4 Teile und legen diese dann so lange in das Gemisch aus Milch, verschlagenen Eiern und Zucker, bis sie gut durchgeweicht sind. Nehmen Sie nun die Teilchen heraus, setzen sie auf einen Rost, lassen sie etwas abtropfen und wenden sie dann in Weckmehl oder in einem Gemisch aus Weckmehl und gemahlenen Nüssen. So backen Sie dann Ihre Kartäuserklöße in reichlich Butterfett rundum schön goldbraun aus. Noch heiß wälzen Sie die Klöße in einem Gemisch aus Zimt und Zucker und servieren sie sofort.
Ich esse sie am liebsten mit einer Weinsoße (s. Rezept auf der Seite 152) oder auch mit heißer Vanillesoße.

Wer kennt sie nicht, die beliebten „Karteiserkleeß", und doch wurde ich schon oft gefragt, wie ich sie mache. Nun, ganz einfach so, wie sie meine und sicherlich auch Ihre Oma gemacht hat.

HOLUNDERKÜCHLEIN (unten)
Waschen Sie die Holunderblüten vorsichtig in kaltem Wasser und legen sie zum Abtropfen auf Küchenkrepp oder ein Tuch.
Jede Blüte sollte mindestens noch 2 Zentimeter Stiel haben. Nun trennen Sie die Eier, schlagen das Eiweiß zu Schnee und bereiten aus den Eigelben, Milch, Mehl und Salz einen glatten Teig, unter den Sie vorsichtig das steifgeschlagene Eiweiß heben.
In diese Masse tauchen Sie Ihre Holunderblüten bis zum Stiel ein und backen sie sofort im heißen Fett schwimmend aus. Haben sie eine schöne goldgelbe Farbe, nehmen Sie sie heraus, lassen sie etwas abtropfen und wälzen sie sofort in Puderzucker.
Die Holunderküchlein werden warm serviert.

Wenn Holundersträuche blühen, ist dies ein Grund, sich einer Nachspeise zu erinnern, die ich immer gerne gegessen habe – manchmal auch zum Nachmittagskaffee anstelle von Kuchen.

Heidelbeerpfannkuchen

Für die Pfannkuchen:
750 g Mehl
¾ Liter Milch
4 Eier
1 Prise Salz
60 g Butterfett zum Ausbacken

500 g gezuckerte Heidelbeeren
Butter für die Form

½ Liter Milch
¼ Liter süße Sahne
80 g Zucker
1 Prise Zimt
50 g Butter

Mein Tip:
Backen Sie die Pfannkuchen so dünn wie möglich und geben Sie vor dem Zusammenrollen einige Spritzer Heidelbeerlikör über die Heidelbeeren.

Bereiten Sie aus Mehl, Milch, Eiern und Salz einen Pfannkuchenteig und backen daraus in heißem Butterfett nicht zu große Pfannkuchen. Darauf geben Sie jeweils eine dicke Lage von Ihren eingezuckerten Heidelbeeren und rollen die Pfannkuchen dann zusammen. Die Pfannkuchenrollen legen Sie in eine leicht gebutterte Auflaufform.
Aus Milch, Sahne, Zucker, Zimt und Butter kochen Sie eine dünne Soße und übergießen damit die Pfannkuchen. So kommen sie dann in den vorgeheizten Backofen und bleiben dort, bei mittlerer Hitze, ungefähr eine ¾ Stunde. Die Pfannkuchen müssen sofort heiß serviert werden. Bei uns gab es dann auch noch die restlichen gezuckerten Heidelbeeren dazu.

Die ersten Heidelbeeren! Das war immer ein Fest, denn wir wußten, jetzt macht die Oma sicher „Heidelbeer-Pannekuche", und die waren immer ein Gedicht. Weil das die Oma aber wußte, bestand sie darauf, daß wir die Heidelbeeren selbst suchen. Mit Zornestränen gingen wir in den Wald, mit Wut haben wir gepflückt, aber alles Leid war vergessen, wenn dann die Pfannkuchen auf dem Tisch standen. Und nach dem Essen waren wir trotz der vorherigen Mühen immer einer Meinung: Der Weg in den Wald hatte sich gelohnt. Heute gehe ich Faulenzer auf den schönen Wochenmarkt…

Gefüllte Pfirsiche
Traminerbirnen

GEFÜLLTE PFIRSICHE
2 Pfirsiche (im Winter aus der Dose)
10 cl Grand Marnier
120 g Frischkäse
⅛ Liter süße Sahne
4 cl Kirschwasser
2 EL Zucker
Schokoladenspäne zum Garnieren

TRAMINERBIRNEN
4 Birnen, am besten Williams Christ, oder Birnen aus der Dose
1 Vanilleschote
½ Liter Gewürztraminer
300 g Zucker
1 Gewürznelke
geschlagene süße Sahne und Schokoladenspäne zum Garnieren

GEFÜLLTE PFIRSICHE (unten)
Frische Pfirsiche schälen, halbieren und den Stein entfernen. Die Pfirsichhälften in Grand Marnier über Nacht marinieren. Frischkäse und süße Sahne zu einer Creme verrühren, Kirschwasser und Zucker daruntermischen. Diese Creme in die Pfirsichhälften verteilen, den Saft, der sich beim Marinieren der Pfirsichhälften abgesetzt hat, darübergießen und mit den Schokoladenspänen bestreuen.
Dazu schmeckt ein guter Mokka und Kleingebäck besonders gut.

Pfirsiche aus der Pfalz – ein Genuß! Speziell die berühmten Weinbergpfirsiche, die ein tolles Aroma haben.

TRAMINERBIRNEN (oben)
Die Birnen werden geschält, halbiert und das Kernhaus entfernt. Die Vanilleschote schlitzen Sie auf und kratzen das Mark heraus. Dann mischen Sie den Gewürztraminer mit ¼ Liter Wasser, geben den Zucker, die Nelke und die Vanilleschote sowie das Mark hinzu und kochen daraus einen dicklichen Sud. Da hinein legen Sie die Birnenhälften, schauen, daß die Früchte gut bedeckt sind und lassen Sie in diesem Sirup 1 Tag ziehen.
Entfernen Sie die Nelke und die Vanilleschote und servieren Sie die Birnen mit dem Sirup. Wer will, kann das Dessert noch mit etwas geschlagener Sahne und Schokoladenspänen garnieren. Der Gewürztraminer für diese Delikatesse sollte natürlich aus Schweigen kommen. Schweigen ist gewissermaßen der Traminerort der Pfalz, besser: der südlichen Weinstraße.

Was für den Franzosen die „Poires de Bourgogne“, das sind für den Pfälzer die Traminerbirnen.

Weinwaffel Rahmkuchen

WEINWAFFEL
200 ml Weißwein
250 g Weizenmehl
50 g Zucker, 5 Eier
Pflanzenfett zum Ausbacken
Puderzucker und Zimt zum Wälzen

RAHMKUCHEN
Für den Teig:
250 g Mehl
100 g Butter
70 g Zucker
1 Ei
1 TL Backpulver
2 EL Rahm (süße Sahne)
1 Prise Salz
etwas abgeriebene Schale einer unbehandelten Zitrone

Für den Guß:
500 g saurer Rahm
½ Liter süße Sahne
125 g Zucker
8 Eier
60 g Rosinen
60 g Kartoffel- oder Stärkemehl
etwas Zitronensaft
1 Prise Zimt

Mein Tip:
Sie können vor Ende der Backzeit Ihren Kuchen nochmals mit einem Zimt-Zuckergemisch bestreuen. Dadurch erhält er dann eine leicht karamelisierte Oberfläche.

WEINWAFFEL (unten)
Zunächst erhitzen Sie den Wein. Dann werden Mehl und Zucker unter Rühren zugegeben und das Ganze mit dem Schneebesen glattgerührt. Dann kommen die Eier dazu. Der Teig sollte nun dickflüssig sein. Jetzt taucht man das Eisen hinein, hängt es in das siedende Fett, bis sich der Teig, also die „Straube", löst. Ist sie goldgelb gebräunt, nehmen Sie die Waffel heraus und legen sie dann auf Küchenkrepp zum Abtropfen.
Wälzen Sie Ihre Dessertstückchen gleich in mit etwas Zimt vermischtem Puderzucker und servieren sie möglichst noch warm. Dazu schmeckt Schlagsahne mit einem Schuß Rum.

Weinwaffeln mit Zucker und Zimt sind auch heute noch eine beliebte Beigabe zum Kaffee. Das dafür nötige „Straubeneisen" gibt es in jedem Haushaltswarengeschäft. Sie können aber auch jedes andere Waffeleisen verwenden.

RAHMKUCHEN (oben)
Das Mehl sieben Sie auf das Backbrett, geben die kleingeschnittene Butter dazu, hacken das Gemisch fein (daher der früher gebräuchliche Name „gehackter Teig") und kneten es dann mit den restlichen Zutaten zu einem Teig. Dieser muß nun eine gute halbe Stunde in den Kühlschrank.
Dann rollen Sie den Teig aus und belegen Ihr Blech so, daß auch der Rand in voller Höhe noch mit Teig bedeckt ist. Nun vermischen Sie die Zutaten für den Guß gut mit dem Schneebesen und verteilen diese Masse auf Ihrem Kuchen. Backen Sie ihn im auf 180 °C vorgeheizten Backofen ungefähr 1 Stunde.

Wie macht man den guten alten Rahmkuchen? Nun, vielleicht so wie meine Tante Luise.

Appelkuche

Für den Teig:
250 g Mehl
1 Ei, 150 g Butter
25 g Zucker
1 Prise Salz

Butter für die Form
1 kg Äpfel, geschält, entkernt und in Achtel geschnitten
50 g Zucker
200 ml süße Sahne
200 ml Milch
3 Eier
50 g Zucker
2 Päckchen Vanillezucker
Puderzucker zum Bestreuen

Mein Tip:
Spritzen Sie über die Äpfel, bevor der Guß darüber kommt, etwas hellen Apfelschnaps.

Für den Teig sieben Sie das Mehl auf das Backbrett und drücken in die Mitte eine Mulde. Dort hinein kommen das Ei und etwa 5 Eßlöffel kaltes Wasser. Dann geben Sie noch die feinblättrig geschnittene Butter, Zucker und Salz zum Mehl und kneten daraus einen glatten Teig, den Sie etwa ½ Stunde in den Kühlschrank legen.
Dann rollen Sie den Teig aus und legen damit eine gut gebutterte Backform sorgfältig und gleichmäßig aus (am besten eignet sich eine Obstkuchenform). Drücken Sie den Teig hoch bis an den Rand. Mit einer Gabel stechen Sie den Teig einige Male ein, ordnen darauf die Apfelstücke möglichst kreisförmig an, bestreuen sie mit dem Zucker und schieben den Kuchen in den auf 200 °C vorgeheizten Backofen.
In einer Rührschüssel schlagen Sie dann die Sahne mit Milch, Eiern, Zucker und Vanillezucker leicht cremig, gießen das Ganze nach etwa 25 Minuten Backzeit über den heißen Kuchen und geben ihn für eine weitere ¼ Stunde zurück in den Ofen. Den Kuchen dick mit Puderzucker bestreuen, nochmals kurz überbacken, dann herausnehmen und und etwas abkühlen lassen. Beim Essen sollte der Kuchen noch leicht lauwarm sein.

Wenn man im Herbst in der Pfalz Kartoffel- oder Gemüsesuppe ißt, gibt es meistens einen „Quetschekuche" (Zwetschgenkuchen) dazu. Es kann aber auch einmal ein Apfelkuchen sein. Und ich verspreche Ihnen, dieser hier ist „pfiffisch"...

Zwetschgenstrudel

Für den Teig:
250 g Mehl
50 g Butter
1 Prise Salz

Für die Füllung:
2 kg Zwetschgen
2 TL Zimt
300 g Zucker
200 g Butter
150 g Weckmehl
150 g geriebene Nüsse

zerlassene Butter zum Bestreichen
Puderzucker zum Bestreuen

Mein Tip:
Machen Sie die Zwetschgen doch etwas „besoffen", indem Sie sie kurz vor dem Zusammenrollen des Strudels mit Zwetschgenwasser beträufeln.

Für den Teig wird das Mehl gesiebt, die Butter kleingeschnitten und beides warm gestellt. Dann geben Sie etwa ⅛ Liter leicht erwärmtes Wasser und das Salz dazu und schlagen den Teig mit einem Kochlöffel etwa 20 Minuten gut durch, bis er zäh-elastisch ist und nicht mehr klebt. Dann muß er ungefähr 1 Stunde ruhen.
In der Zwischenzeit entsteinen Sie die Zwetschgen, geben Zimt und Zucker dazu und lassen sie eine Weile stehen. Zerlassen Sie die Butter und rösten das Weckmehl und die Nüsse darin an. Schneiden Sie den Teig in 2 Stücke, rollen diese etwas aus, legen sie auf ein bemehltes Tuch (am besten ein Tischtuch) und ziehen den Teig vorsichtig mit den Händen aus, bis er ganz dünn ist. Je dünner, desto besser! Der Teig wird mit zerlassener Butter bepinselt und mit dem Gemisch aus Weckmehl und Nüssen gleichmäßig bestreut. Darauf kommen dann die mit Zucker und Zimt marinierten Zwetschgen. Die Strudel werden nun vorsichtig zusammengerollt, auf ein gut gefettetes Blech gelegt und im auf 230 °C vorgeheizten Backofen ½ bis ¾ Stunde gebacken. Während dieser Zeit sollten Sie die Strudel aber öfters mit zerlassener Butter bestreichen. Zum Servieren in 5 cm breite Stücke schneiden. Am besten schmeckt der Strudel warm (nicht heiß), mit Puderzucker bestreut.

Sie alle kennen den „Quetschekuche", also Zwetschgen- oder Pflaumenkuchen, teils mit Zucker und Zimt, teils mit „Riwwel", also Streuseln, belegt. Aber kennen Sie auch diesen Zwetschgenstrudel?

Gelbrübentorte

8 Eier
400 g Zucker
400 g rohe, geriebene gelbe Rüben (Karotten)
400 g geriebene Mandeln
1 EL altes Kirschwasser
1 TL Zimt
abgeriebene Schale von ½ Zitrone
50 g Weckmehl (Semmelbrösel)
Fett für die Form

Für die Glasur:
200 g Staubzucker
2 EL Kirschwasser
3 EL Johannisbeergelee

Die Eier werden getrennt und der Zucker mit den Eigelben schaumig gerührt. Dann gibt man die gelben Rüben dazu und rührt ungefähr 15 Minuten weiter. Während dieser Zeit lassen Sie die Eiweiße in Ihrer Küchenmaschine zu Schnee schlagen. Diesen geben Sie nun mit den übrigen Zutaten zu Ihrer Teigmasse und mischen alles vorsichtig durch. Füllen Sie diesen Teig nun in eine gut gefettete Tortenform und backen Sie ihn im vorgeheizten Backofen bei mittlerer Hitze ungefähr 1 Stunde. Lassen Sie die Torte erkalten.
Bereiten Sie die Glasur, indem Sie den Staubzucker, das Kirschwasser und 2 Eßlöffel heißes Wasser mit dem Schneebesen kräftig durchrühren. Dann streichen Sie die Torte rundum mit Johannisbeergelee ein, gießen die flüssige Glasur in die Mitte Ihrer Torte und verteilen sie gleichmäßig.

Wer glaubt, Karotten seien nur ein Gemüse, den lade ich einmal zu einer Torte ein, die das Prunkstück im Kuchenprogramm meiner Mutter war. Ich esse diese Torte auch deshalb so gerne, weil sie immer sehr saftig ist und „frisch" schmeckt, auch wenn sie schon einige Tage alt ist.

Meloneneis

1 vollreife Charentais-Melone (das erkennen Sie am süßlich-aromatischen Duft am Blütenansatz)
1 EL Zitronensaft
2 cl Läuterzucker
nach Belieben ein paar Spritzer Orangenlikör

Ein Tip noch:
Wollen Sie das Eis cremiger, geben Sie bei der Zubereitung noch den Schnee von einem Eiweiß dazu.

Die Melone schälen, entkernen und in Stücke schneiden. Diese werden im Mixer zu einem glatten Mus püriert, mit etwas Zitronensaft und dem Läuterzucker vermischt und in der Kücheneismaschine gefroren. Wenn die Masse cremig servierbereit ist, aromatisieren Sie sie nach Belieben mit einem Schuß Orangenlikör. Serviert wird sofort nach der Zubereitung.
Wenn Sie keine Eismaschine haben, geben Sie die Masse in eine Schüssel und dann ins Gefrierfach. Rühren Sie aber öfters um, bis das Eis die gewünschte Konsistenz hat.

In der Pfalz werden ja mit zunehmendem Erfolg auch die berühmten Charentais-Melonen angebaut. Sie sind hellgrün mit dunkelgrünen Segmentstreifen und haben orangefarbenes Fruchtfleisch. Man kann diese Melonen natürlich wie üblich mit Schinken als Vorspeise servieren, man kann aber auch ein kühles Dessert daraus zubereiten. Probieren Sie es doch einfach einmal.

Die Rezepte nach Gruppen

Soweit in den Rezepten nichts anderes vermerkt ist, sind die Zutaten für vier Personen berechnet.

Suppen, Vesper und kleine Gerichte

Herzhaftes mit Fleisch, Wurst und Fisch

Gemüse- und Kartoffelgerichte

Süßspeisen, Desserts und Kuchen

Die Rezepte alphabetisch

Soweit in den Rezepten nichts anderes vermerkt ist, sind die Zutaten für vier Personen berechnet.

Bildquellen Impressum

Archiv für Kunst und Geschichte, Berlin: 21
Bilderberg: Klaus Bossemeyer 25, 90, 82; Michael Engler 48, 51; Klaus-D. Francke 34; Dorothea Schmid 130
Focus: Walter Mayr 10/11, 12; Bernd Christian Möller 17, 23
HB-Verlag: 15, 28, 40, 41, 44, 47 (beide), 49, 98, 158
Sigloch Edition/Bildarchiv: Hans Joachim Döbbelin 29, 52/53, 76/77, 110/111, 140/141 und alle ungeraden Seitenzahlen 55–169; Günther Schmidt 22
Silvestris: Heine 62; Otto Stadler 13
Erich Spiegelhalter: 2, 6, 8, 9, 18/19, 24, 27, 32/33, 35, 36, 42/43, 45, 70
Studio für Landkartentechnik: 4
Visum: Gisela Floto 162; André Gelpke 31, 114; Gerd Ludwig 38/39, 66; Rudi Meisel 16, 37

Ein besonderer Dank des Autors gilt Elsbeth Janda, die das Kapitel über Lieselotte von der Pfalz beigesteuert hat.

Info-Adressen zum Thema Pfälzer Wein:
Pfalzwein e.V.
Chemnitzer Straße 3, 67433 Neustadt an der Weinstraße
Deutsche Weinstraße e.V.
Chemnitzer Straße 3, 67433 Neustadt an der Weinstraße
Südliche Weinstraße e.V.
An der Kreuzmühle 2, 76829 Landau/Pfalz

Redaktionelle Bearbeitung: Regina Dietrich

Reproduktion: Otterbach Repro, Rastatt
Satz: Sigloch Edition, Künzelsau
Druck: Druckerei Eberl, Immenstadt
Papier: 135 g/m² nopaCoat glänzend chlorfrei der Nordland Papier AG, Dörpen
Bindearbeiten: Sigloch Buchbinderei, Künzelsau
ISBN 3-89393-127-9

Reihenweise Kulinarische Köstlichkeiten

In gleicher Ausstattung sind weitere Titel lieferbar.